河合ブックレット 40

グローバル資本主義の破局にどう立ち向かうか

——市場から連帯へ

斉藤 日出治

河合文化教育研究所

もくじ

グローバル資本主義の破局にどう立ち向かうか

——市場から連帯へ

はじめに――わたしたちは世界の終わりへと向かっているのではないか

日々の暮らしを送るなかで、わたしたちはこのような漠然とした不安感にとらわれるようになっています。そして、その不安感は、隕石が地球に衝突するとか、地震や津波が襲うといった人間の意思を超えた自然の猛威から発しているのではなく、どうやらわたしたち自身の暮らしの内側から発しているようです。つまり、わたしたち自身の社会や経済のありかたが世界の終わりをたぐり寄せているのではないのか。わたしたちはタビネズミ（レミング）が群れをなして海に飛び込むという伝説のようにして、集団でみずから死の淵に身を投げようとしているのではないか。

そのような不安の根元にあるのが、グローバリゼーションという現象です。そういうと、グローバリゼーションはすでに破綻した、今の時代は、ポスト・グローバリゼーションの時代であり、国家が力を取り戻す時代だ、という反論が聞こえてきそうです。たしかに、自由貿易を規制し、移民や難民の流入を拒み、国境の壁を築こうとする、グローバリゼーションとは正反対の動きが世界各地で強まっています。しかし、この反動はグローバリゼーションがもたらした危機の表れではあっても、グローバリゼーションの危機を克服するものではいささかもありません。それどころか、それはむしろグローバリゼーションがはらむ破局的暴力を深化させるものにほかなりません。

グローバリゼーションは、世界中のひとびとがたがいに近づきあうことによって、かえってひとびとの憎悪や不安や排除の意識をかき立て、さまざまな紛争を激化させています。グローバリゼーションは、国家によって仕切られうちかためられていたわたしたちのアイデンティティを揺るがし流動化させ、国民というアイデンティティを突き崩しました。自己のうちに国民という枠を超えた多様な他者を取り込み、その逆に自己が他者の内にはいりこんでいく。このような流動化する不分明なアイデンティティは不安を呼び起こします。この不安の意識は、自己と他者の仕切りを再度引き直し安定したアイデンティティをとりもどしたい、という願望となってあらわれます。そこから他者を憎悪し排撃しようとする感情が生まれてきます。ヘイトスピーチ、ヘイトクライム、「嫌韓」、「嫌中」といったひきこもりの社会感情は、グローバリゼーションによって増幅された不安の感情の表出です。そしてこの憎悪の社会感情が、戦争という国家の暴力と連動して、危機への道をさらに加速させていきます。

わたしたちみずからが招いたこの危機が、なぜ、どのようにして発生してきたのか。この問いをグローバリゼーションの発生源に立ち返って解き明かしてみたい。そしてその考察をふまえたうえで、わたしたちがみずからの手でその危機を打開する道を探りたい。みずからが招いた危機をみずからの責任において究明し危機からの脱出を図る、これがみなさんに本書でわたしが語ろうとすることです。

序章　わたしたちの暮らしに浸透する商品世界

危機の発生源としてのグローバリゼーションを特徴づけるのは、わたしたちの日常生活の商品化です。グローバリゼーションをこう定義することをいぶかるひとがいるかもしれません。グローバリゼーションとは、国境を越えてひとびとの相互依存関係が深まっていくことであり、自分の日常生活の変化よりも自分の日常生活から離れた遠くの動きを指すようにみえるからです。『日本大百科全書ニッポニカ』は、グローバリゼーションを、「経済、文化、政治、環境問題など人類の活動と影響が、国家や地域の境界を越えて、地球的規模で一体化していく現象」と説明しています。

では、このような地球的な規模での一体化は何を媒介にして、どのような回路を通って進められているのでしょうか。それは市場です。今日の世界では、食品、被服、自動車などのあらゆる消費財、介護・医療・教育・交通などの各種のサービス、さらには、映像、文化、知識、情報、アイデア、ファッション、ライフスタイルなどすべてが市場で商品として取引されています。おびただしい貨幣が金融市場で取引されます。さらに、世界中のひとびとが移民、難民、政治亡命、観光旅行、学術交流といったかたちで国境を越えて移動し、人間の労働能力が商品として労働市場で国際的に取引されます。

グローバリゼーションをたんなる世界の一元化とみなすことには、反論もあります。そうではなく、グローバリゼーションとはアメリカによる世界の一元的支配の展開だ、という主張がそれです。たしかに、今日におけるグローバリゼーションの特徴は、アメリカの文化、生活様式、思考方法、社会的・文化的制度が世界に波及し浸透していく過程、つまりアメリカニゼーションの過程だということもできます。マクドナルドハンバーガーが地球上の各地で販売され消費され、ファーストフードが世界の食文化として浸透していきます。

しかし、このアメリカニゼーションを推進する原動力はやはり市場取引です。アメリカの支配がかつて世界史に出現したアッシリア帝国、ペルシャ帝国、ローマ帝国、中国の隋、唐、清などの帝国とちがうのは、これらの旧帝国がオリエント、地中海、中国大陸などの地域的規模での帝国であったのに対して、アメリカニゼーションは市場取引を媒介とするがゆえに地球的規模、つまりグローバルな規模での一元化された世界を生産したのです。

わたしたちが目を向けなければならないのは、この地球的な規模での商品化の広がりに先立って、わたしたちの日々の暮らしのなかに商品化が深く浸透している、ということです。グローバリゼーションとは、外に広がる遠くの世界の動きである以前に、わたしたちの暮らしのなかの、そしてわたしたちの身体やこころのなかに浸透するこの商品化の動きだということに、まず思いをはせなければなりません。

ベンジャミン・バーバーは、このような日常生活の商品化をわかりやすく説明するために、「日常生活のテーマパーク化」という表現を使いました。テーマパークとは、ディズニーランドやＵＳＪのことですね。そこでは、空間のすべてが商品で満たされています。そしてその商品はわたしたちを夢の世界に誘います。わたしたちはその夢を買うために、テーマパークの空間に身を浸します。

しかし、テーマパークは、もはやディズニーランドやＵＳＪのような特定の空間ではなくなっています。わたしたちの日常生活そのものがテーマパークのようになっているのです。わたしたちの暮らし全体が、商品によって提供される夢の世界にすっぽりと取り込まれているのです。巨大なショッピング・モールは、そのようなテーマパーク化された日常生活空間の典型です。ショッピング・モールは、わたしたちの日常生活を商品世界のなかにブラックホールのように吸い込む装置のようなものです。

しかし、このような一見快適にみえる日常生活のテーマパーク化は、じつはわたしたちの日常生活の破壊のうえに成り立つ世界なのです。人類は自分たちの日常生活をたがいに連帯し協力して作り上げてきた長い歴史をもちます。そして、その歴史の過程で、市場で商品を取引する活動も徐々に育ってきました。しかし、かつての市場取引は、わたしたちの暮らしのなかにしっかりと埋め込まれていました。バーバーが指摘しているように、物を売るお店は、かつて地域の生活空間のなかに、八百屋、魚屋、呉服屋、雑貨屋などとして点在しており、学校、病院、図書館、役場、広場のような公共空間と共存していました。私的利益を追求する市場取引は、公共の空間やわたしたちの共同生活空間のごく一部であり、それらの空間によってコントロールされていたのです。

ショッピング・モールはちがいます。それは、わたしたちの共同の暮らしの解体のうえになりたち、わたしたちの生活に必要なものをすべて商品として提供する空間であり、わたしたちの人間関係をすべて商品取引の関係に解消する空間です。わたしたちの日常生活のすべてがショッピング・モールの商品空間に吸い込まれ、わたしたち自身もその空間に吸い込まれてははき出される存在になっていくのです。

「モールの発展によって……商業的消費が公共の場を圧倒し、人間の他のすべての活動は買ったり売ったりすることの一つのバリエーションになってしまった」（B・バーバー、一九一頁）。

若いみなさんは、とりわけこの世界を生まれたときから日常的に経験していますから、この世界を自明のもの、自然のものとして受け止めています。しかし、これこそがグローバリゼーションの原点なのです。この世界は日常生活の商品化をめざして組織的・計画的に創り出された世界であり、しかもそこには、わたしたちの日常生活を解体する恐るべき暴力が内包されているのです。

ショッピング・モールに行けば、お金さえあれば必要なものが何でも買える、憩いの場所もあるし、移動もエスカレーターがあって便利だし、ATMでいつでもお金を引き出せ、さらに郵便局、美術館、映画館、娯楽施設まで整備されている。つまり、わたしたちの日常生活の欲求のすべてがショッピング・モールで満たされるように快適な空間が設計されています。

しかしこれこそがショッピング・モールの狙いなのです。

「開発業者のはっきりした目的は、あらゆる世界をショッピング・プラザのなかにおさめることだ」（同、一九一頁）。

そこに行けばわたしたちの日常生活に必要なことがすべて満たされるような空間を設計すること、すべての人間関係がその空間で組織されるようにすること、言い換えると、そこに行かないとわたしたちの暮らしが成り立たないようにすること、これこそがショッピング・モールの戦略なのです。

それはわたしたちの暮らしの重大な変化を意味します。わたしたちがたがいに連帯し協同で組織してきた生活空間がたえず解体され、わたしたちひとりひとりが孤立した労働者、消費者へと分断される過程が、日常生活の商品化の背後で密かに進行します。

グローバリゼーションとは、国家という仕切りを越えてこのようなショッピング・モールの空間が広がっていく過程を意味します。地球に住むひとびとの相互依存の関係は、たがいの協力関係や相互扶助によるよりも、商品という物を市場で売買する関係によって組織されるようになります。世界中のひとびとの日常生活が商品によって画一化され一元化されます。そのようなかたちでわたしたちは地球一体化の関係を深めていく、これがグローバリゼーションの世界なのです。

このような国境を越えた日常生活の商品化の進展は、経済成長を推し進め、世界の富を増やし、ひとびとの暮らしを豊かにする、わたしたちはそのように思い込んでいました。しかし、このグローバリゼーションがじつはわたしたちの暮らしと生存を脅かし、破壊する暴力の源泉だということをしだいに気づくようになります。

第一章でお話しするのは、この日常生活の商品化にはらまれる暴力が、わたしたちの眼前に強大なすがたをとってたちあらわれた事象です。

第一章　二一世紀グローバル資本主義の破局的暴力の諸相

一　冷戦の崩壊とグローバリゼーションの台頭

グローバリゼーションという言葉がメディアでひんぱんに登場するようになるのは、一九九〇年代以降のことです。その背後にある重大な世界史的激変、それは社会主義世界体制の崩壊によって出現したポスト冷戦体制です。

第二次大戦が終わって一九九〇年までの時代は、西側の資本主義と東側の社会主義という二大陣営が対立する時代でした。この両陣営が核兵器を保有し、いつ核戦争が勃発するかわからない緊張状態が続きました。この時代が「冷戦」と呼ばれるゆえんです。世界が二つの陣営に分断された冷戦時代が終わりを告げるとともに、世界が地球的な規模での市場取引に一元化されるグローバリゼーションの時代が到来します。

しかし、じつは冷戦時代にも、東西両陣営において市場経済は存在していました。冷戦時代の市場経済のありかたと、冷戦後のグローバリゼーション時代の市場経済のありかたを比較してみると重要なちがいに気がつきます。

冷戦時代における東西両陣営の市場経済は、それぞれ異なったかたちではあれ、さまざまなかたちで厳しく規制されコントロールされていました。

まず、ソビエト社会主義共和国連邦に代表される社会主義諸国ですが、これらの諸国においても市場経済は存在していました。公式には憲法で労働力商品の廃絶が謳われ、国民経済は市場ではなく国家計画委員会によって計画的に組織されていたかのようにみえますが、じつは生産物は市場で取引され、労働力は労働市場で売買されていたのです。貨幣ももちろんなくなることはありませんでした。企業の投資活動もおこなわれました。しかし、労働力商品、貨幣、資本の市場取引は、西側の資本主義諸国のように、企業間の水平的な市場取引に媒介されるよりもむしろ、国家の垂直的な行政機構相互の交渉取引を介してとりおこなわれました。国家計画委員会、産業部門別の各種省庁、省庁の配下にある企業の経営者、そしてその企業に所属する労働者といった垂直的に序列化された各水準の経済主体が相互に駆け引きをしながら、おたがいの利害を調整しつつ経済活動が進められたのです（ソ連のような社会主義において市場経済がどのように機能していたのかについての詳細は、ベルナール・シャバンスを参照してください）。

これに対して、冷戦時代の西側の資本主義諸国では、市場経済がどのように運営されていたのでしょうか。欧米、日本などのいわゆる先進諸国は、市場の価格変動によって需要と供給が調整される、というかたちでの純粋な市場経済ではありませんでした。たとえば、労働市場は、賃金の変動を通して労働力の需要と供給が調整されてはいませんでした。賃金の決定は、経営者団体と労働組合との団体交渉を通しておこなわれました。つまり、労働市場の外部で、経営者と労働者が集団で協議して賃金水準を決定したのです。金融市場の取引も、法律によって厳しく規制され、銀行と証券会社は、預金業務と証券取引業務をはっきりと分担していました。貸し出し金利の上限も厳しく定められていました。資本の国際移動も制限されていました。さらに、政府が通貨の発行や金融政策によって市場に介入し、市場取引をコントロールしていました。また政府は、年金制度、医療・教育・高齢者福祉などの各種サービスによって国民の生活を支える福祉国家の体制をまがりなりにも整備しました。不況になって失業や貧困が増しても、この政府の社会生活給付金によって国民生活を下支えし、不況の深化をある程度まで抑える仕組みが用意されたのです。また、高率の累進所得税によって、富裕層の所得を低所得者層に再配分する仕組みも整っていました。このように、市場取引が労使間相互の妥協や国家によって厳しく規制された資本主義のことを〈組織資本主義〉と呼びます。

ですから、第二次大戦後の東側と西側では、社会主義と資本主義という、まったく相対立する経済システムが作動しているように見えながら、そこにはともに市場経済が機能していたのです。ただし、この市場経済は東西両陣営においてそれぞれ異なった仕方ではあれ、いずれも厳しくコントロールされていたのです。東側では、市場取引が政府、部門省庁、企業という垂直的な組織水準における経済主体の駆け引きを通して制御され、西側では、資本と労働という利害の対立する階級相互の妥協、および市場の外部における企業間の暗黙の合意（日本の「メインバンク制」と呼ばれる銀行と企業の独特な結びつき、あるいは「系列」と呼ばれる企業間の人的・組織的な結びつきのような）、あるいは政府と経営者と労働組合との協議体制（これをコーポラティズムと言います）を通して制御されていたのです。

ところが、このシステムが一九七〇年代以降、東側においても、西側においても、ともに行き詰まっていきます。

東側の官僚主義的な駆け引きによる市場経済の制御は、経営者や労働者のインセンティブをかきたてることができずに、生産性の低迷を招きます。経営者や労働者は計画委員会から指示された生産目標を達成することを経済活動の目標にしますから、質の良い製品をたくさんつくって利益を上げよう、というインセンティブが働きません。政府主導の投資計画は、軍事力や宇宙ロケットのような国威の発揚をめざす投資を最優先しますが、その代わりに国民の消費財の生産のほうはおろそかになります。ソ連は、それゆえ米国に匹敵する軍事力を有する軍事大国でありながら、国民の消費水準はラテン・アメリカ諸国と変わらない、という大きな矛盾を抱えたのです。そのため、食料や消費財が不足して、何時間も買い物行列を作らないと物が手に入らない、という深刻な生活危機に見舞われました。

西側の組織資本主義は、経済が成長しているあいだはうまく機能しましたが、ベルトコンベアー・システムとマニュアル化された単純作業の反復による効率的な大量生産体制は労働者の労働意欲をしだいにそぐようになり、企業の生産性が低迷するとともに、経営者と労働者のあいだに利潤と賃金の分配をめぐる紛争が激化していきます。団体交渉による賃金決定は、賃下げを困難にするため、不況になって利潤が抑制されても賃金を下げることができずに、これが経営者の投資意欲を減退させ、不況を長期化させます。また、富裕層は、高い累進所得税によって多額の租税負担を強いられ、不満をしだいに募らせていきます。さらに、福祉や金融財政政策にともなう巨額の財政支出が国家の債務を累積させ、深刻な財政危機を招きます。

このような経済成長の行き詰まりを契機にして、一九八〇年代に西側の資本主義に重大な変化が生じてきます。国家、および階級間の妥協的取引によって市場取引を厳しく規制していた体制を市場の自由な取引に委ねようとする動きが高まっていきます。

米国では、国内の労働者の高賃金に対する対抗策としてラテン・アメリカやアジアから移民の受け入れを促進し、低賃金の労働力を国内に呼び込みます。さらに、自動車、家電などの製造業を中心とする企業は、工場を国外の南の諸地域に移転し、低賃金労働力を利用した海外生産活動を展開するようになります。これを契機として、多国籍企業によるグローバルな資本移動が促進されます。その結果、先進諸国では国内産業の空洞化が進み、他方、南の諸地域では、外資の導入によって急速に工業化を遂げる新興工業諸地域がたちあらわれてきます。さらに、累進所得税の累進度を緩和して、投資家の投資意欲を高める政策が採られるようになります。貧者を救済する社会福祉政策は、労働者を怠け者にするとして、社会的弱者の切り捨て傾向が強まります。

こうして、西側資本主義においては、第二次大戦後に生まれた先進諸国の国民経済を単位とする組織資本主義の体制が動揺するようになり、国民経済の枠を超えたグローバル資本の活動を原動力とする新しい資本主義が出現します。これを〈新自由主義的資本主義〉と呼びます。

一方、社会主義諸国の指令型経済は、一九八〇年代に深刻な危機に陥り、一九八九―一九九一年にかけて崩れていきます。社会主義諸国は、政治における共産党の単一政党制度と経済における官僚主義的な指令型経済の体制を放棄して、複数政党による民主主義政治と私的所有を原理とする市場経済の体制へと大きく転換を遂げたのです。

西側の資本主義は、組織資本主義から新自由主義的資本主義への転換をすでに遂げており、社会主義を放棄した諸国は、西側のこの新自由主義的資本主義へと一元化する動きを急進展させます。このようにして、自由市場の競争原理によって一元化された資本主義の世界がたちあらわれてきます（中国は共産党の単一政党制を維持しますが、欧米の外国資本を大量に受け入れて、低賃金の労働力を武器にして国内の経済成長をめざす開放経済体制を推し進めました）。冷戦終焉後の時代は、こうして、利害の対立する社会諸階級の妥協的取引によって、あるいは国家や地方行政によってコントロールされた市場ではなく、そのようなコントロールから自由になった市場が無規制に増殖していく世界となったのです。

社会主義崩壊後のポスト冷戦の世界においては、この新自由主義的資本主義が自由で平等な社会のイメージを、そしてイデオロギー対立や戦争のない平和な社会のイメージをふりまいて、歓迎されたのです。このポスト冷戦下では、グローバリゼーションが、このイメージを表現する言葉として広く浸透していきます。フランシス・フクヤマの『歴史の終焉』（一九九二年）が注目されたのも、そのためです。歴史の終焉とは、社会主義の崩壊によって世界からイデオロギー的な対立も、その対立に起因する戦争もなくなり、自由・平等・平和の理念にもとづく市場競争がいつまでも続く世界が生まれた、という意味です。

世界は国境の仕切りを取り払って、ボーダレスで均質な社会となり、国家間の対立や民族間のいがみあいもなくなる、グローバリゼーションはそのような表象をもってひとびとに受け止められるようになります。

ところが、ポスト冷戦の世界で急進展するこのグローバリゼーションの実相はどうかと言えば、その表象とはまったく正反対の様相を、つまり不自由かつ不平等で、混乱と暴力と戦争に満ちたすがたをしだいに露わにしていきます。グローバリゼーションがもたらしたこの破局的危機の諸相を以下に、たどってみることにしましょう。

二　市場のグローバリゼーションという暴力

一九九〇年代以降、市場取引のグローバリゼーションが急進展する過程で、世界の地域間格差、国家間の格差、社会諸階層間の格差が著しく拡大しました。このことについては、すでに経済学研究者の統計データによって裏づけられています。

米国でトップ十分位の占める比率は、1910年代から1920年代には45-50%だったのが、1950年には35%以下となった（これがクズネッツの記述した格差低減だ）。その後、1970年代に35%以下になってから、2000年代や2010年代には45-50%になった。
出所と時系列データ：http://piketty.pse.ens.fr/capital21c を参照。

図1　米国での所得格差 1910–2010年
（トマ・ピケティ『21世紀の資本』24頁より引用）

世界各国でベストセラーになったトマ・ピケティの『二一世紀の資本』は、第二次大戦後（一九五〇―七〇年代）の組織資本主義の下で先進各国において所得格差が縮小したが、新自由主義的資本主義の時代（一九八〇年代以降）になって富裕層の所得が急速に上昇しつつあることを立証しました。

米国の例を紹介してみましょう。図1で、米国の所得額のトップ一〇分の一の社会層が国民所得全体に占める比率の推移を見ると、一九一〇―一九四〇年の二〇世紀前半期に四五―五〇％であったのに対して、第二次大戦後の一九五〇―一九八〇年のあいだにそれが三五％にまで低下します。この時期に所得の平準化が一定程度進んだことがわかります。ところが一九八〇年以降、その比率が急上昇して二〇一〇年代までにふたたび四五―五〇％にまで再上昇します。ピケティは、イギリス、カナダ、ドイツ、フランスなどの先進諸国についても、ほぼ同様の動きを確認しています。

また、世界全体で見ると、富がごく少数の富裕層に極端に集中するようになっていきます。一九八七―二〇一三年のあいだに、一〇億ドル以上の資産を保有する億万長者の数が世界全体で一四〇人から一四〇〇人に、なんと一〇倍も増えています。そしてそれらの億万長者が保有する総資産額は、三〇〇〇億ドルから五兆四〇〇〇億ドルに、つまり二〇倍ちかくに増えています。五兆四〇〇〇億ドルと言えば、日本の二〇一六年の国内総生産が五兆ドルですから、わずか一四〇〇人の億万長者の総資産が日本の国内総生産を上回っているということになります（米国の『フォーブズ』誌における世界の巨額資産ランキング調査、『21世紀の資本』四四九頁を参照）。

これに対して、グローバリゼーションの過程で、かつて「低開発諸国」と呼ばれた南の諸地域において急速に工業化するところが出てきました。そのため、第二次大戦後に「南北問題」と呼ばれた図式が、つまり、北の先進諸国の経済成長と南の経済停滞という図式が崩れていきます。ブランコ・ミラノヴィッチが作成したエレファント・グラフ（次頁の図2）がこの動きを端的に示しています。

この図では、横軸に世界一二〇カ国の六〇〇世帯の所得水準分布を0から一〇〇までのあいだに割り振り、それぞれの所得水準の世帯が一九八八―二〇〇八年のあいだに所得をどのくらい伸ばしたかの伸び率が縦軸に示されます。そうしてつくられたのがこのグラフですが、ちょうど象の頭から鼻が垂れ下がり、鼻の先端がぴょんと上がったような状態の曲線が描かれたところから、この曲線を「エレファント・カーブ」と呼びます。

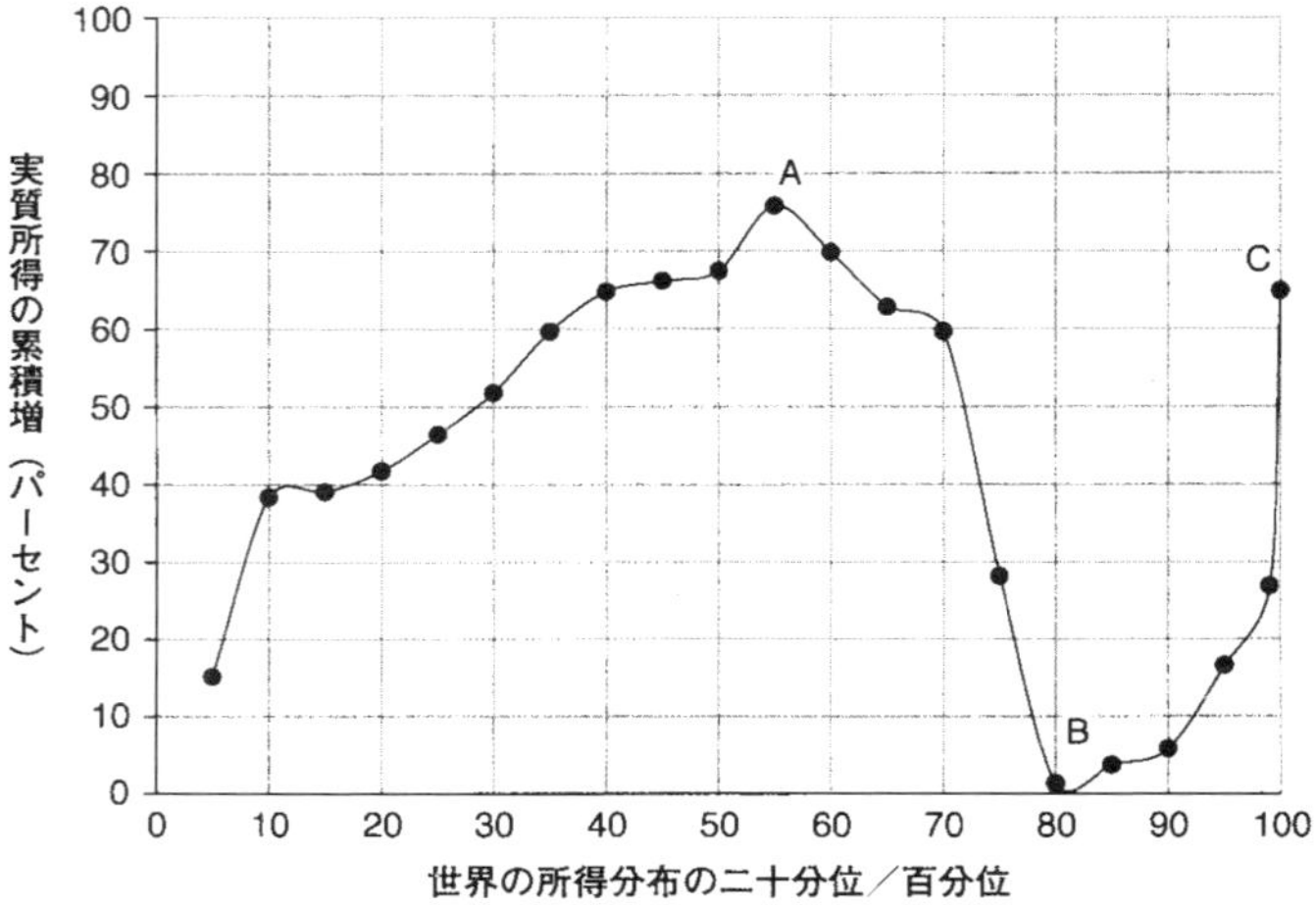

図２　エレファント・グラフ
全世界の各所得分位の1988年から2008年の間の所得増加率（％）
（ブランコ・ミラノヴィッチ『大不平等』13頁より引用）

まずわかることは、鼻の先端部分Cにおける超富裕層（所得分布で一〇〇にかぎりなく近い層）の所得の伸びがこの時期に著しい、ということです。これはピケティが指摘したのと同じ動きです。それに対して、象の頭の部分A、つまり所得分位が四五―六五あたりの所得層の伸びもかなり高いことがわかります。この所得の伸びは、あきらかに南の新興工業諸国において工業化とともに所得水準が伸びた社会層を示しており、南の新興工業諸国において一定数のひとびとが中産階級を形成しつつあることがわかります。

そして、注目すべきことは、頭から鼻にかけて急激に落ち込んでいる所得水準八〇分位の所得層Bの伸び悩みです。この二〇年間に所得がほとんど伸びなかったか、あるいは落ち込んだこの層は、いわゆる先進諸国における中産階級の所得にほかなりません。一九七〇年代以降、米国を初めとする先進諸国の巨大資本は、国内の工場を南の低賃金地域に移して生産活動をおこなったために、国内の産業の空洞化が進み、かつて製造業、鉱工業で栄えた先進諸国の工業地帯が荒廃し貧困地帯へと変貌しました。米国で言うと、シカゴ、ミルウォーキー、ピッツバーグ、デトロイトなど、かつて自動車、石炭、鉄鋼、機械などで栄えた中西部から東北部に位置する旧工業地帯がそれです。これらの地帯は、いまでは「ラストベルト（金属がさびついたようにして衰退した地帯）」と呼ばれています。これらの都市が、貧困と失業とスラムが広がる地帯へと変貌を遂げたのです。米国では、金融取引やグローバル資本の海外進出で富を増やす一部の富裕層に対して、かつて一九五〇―六〇年代に「アメリカン・ドリーム」で豊かな生活を享受した白人中産階級が没落するという二極化が、グローバリゼーションの過程で進みました。この白人中産階級が暮らすのが、ラストベルトの地帯です。このグローバリゼーションの政治から見捨てられた白人中産階級の不満をすくい上げたのが、共和党のトランプでした。トランプは白人中産階級の没落の原因を、ラテン・アメリカ、アジア、中東などの各地から流入する移民に転嫁し、白人中産階級の不満を移民へと誘導し、反移民政策と反自由貿易を掲げ、それらの不満票を吸収して大統領選に勝利したのです。

このエレファント・グラフから、象の頭の部分Aに示される新興工業諸国における中産階級の台頭を読み取った経済学者は、この動きをグローバリゼーションがもたらした正の効果であるかのように主張します。しかしわたしたちが見なければならないのは、市場取引のグローバルな進展が、所得の格差や不平等の拡大をもたらしただけでなく、南の諸地域における経済の仕組みを根本的に変えてしまった、ということです。南の諸地域では、多くのひとびとが農村や地域で市場を介さずに自律した自給自足の暮らしを営んでいました。グローバリゼーションの進展とともに、農村や地域における自給自足の経済のうちに商品経済が浸透し、ひとびとは都市に流れ込んで、スラム街に住みながら工場で賃金労働をしたり、露天商・行商・ゴミ集めなどのインフォーマルセクターで仕事をするという暮らし方をするようになります。自律した暮らしの営み（これをサブシステンス経済と言います）を破壊されたひとびとは、もはや市場に依存して生きるほかに術のない状態に追いやられます。南の新興工業諸国におけるごく一部の中産階級の所得上昇は、この自給自足にもとづくサブシステンス経済の解体という犠牲のうえになりたった現象なのです。

さらに見逃してならないのは、グローバリゼーションの過程で進んだ不平等と格差が、労働にもとづく所得格差よりも、不労所得にもとづく資産格差の拡大だったことです。

ピケティは、グローバリゼーションの過程で富を増やした社会層が、労働に従事する勤労者ではなく、さまざまな資産を私的に所有しその資産を運用して利益を上げる不労所得層であることをつきとめました。会社に雇われて労働する労働者や会社を経営する経営者は社会の活動家階層であり、その活動の毎年の成果は国民所得で示されます。この国民所得と、土地などの不動産、株や証券などの金融資産、特許などの知的財産などの民間財産の総額とを比較したのが、〈資本・所得比率〉といわれるものです（図3）。この資本・所得比率は、一九世紀末から二〇世紀初頭（一九一〇年頃）まで四―五倍とかなり高い比率でした。つまり、民間資産の総額は、毎年の国民所得の四―五年分だったのです。

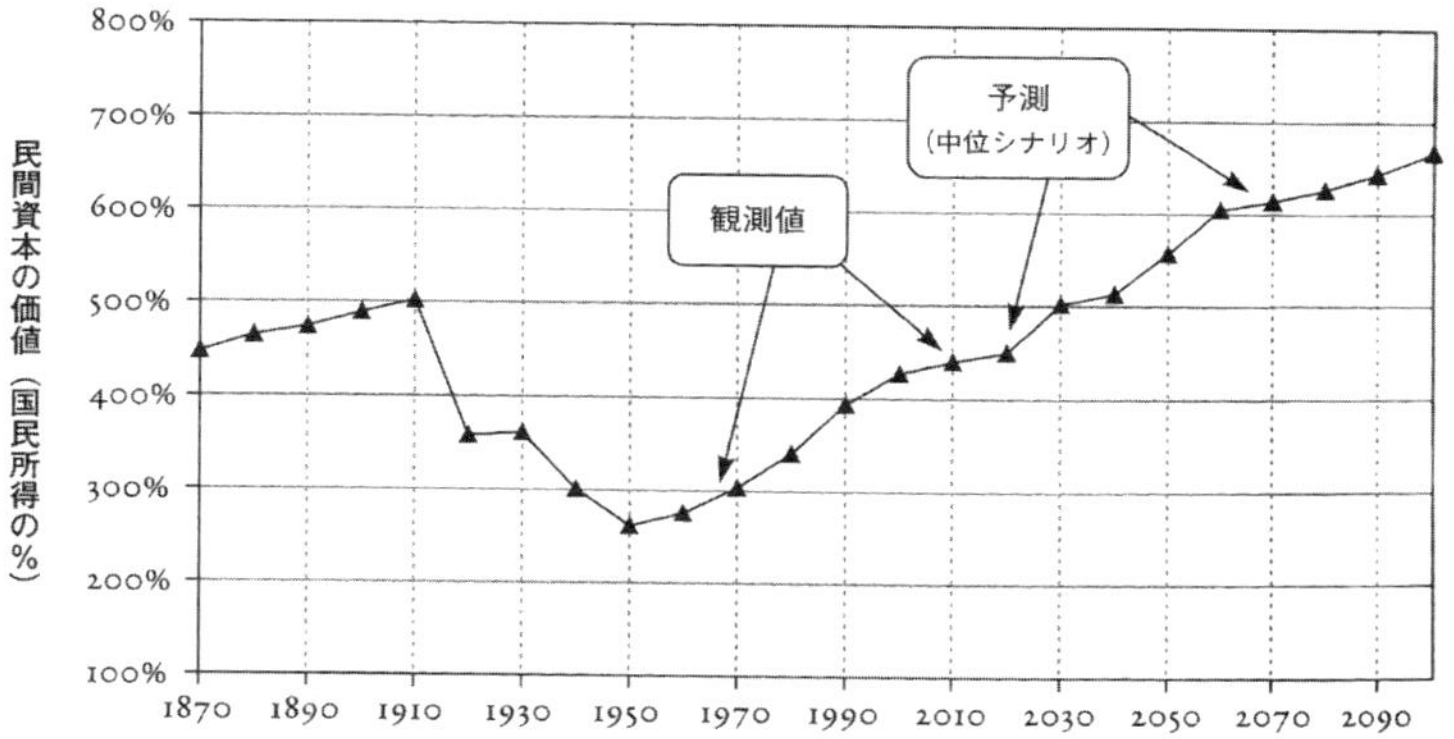

図３　世界の資本／所得比率 1870–2100年
（『21世紀の資本』203頁より引用）

ところが、二〇世紀中葉以降、つまり第二次大戦後の組織資本主義の時代になると、経済が成長して国民所得が増え、かつ公共財産も増えて、民間資産の伸びが抑制されるようになり、そのため資本・所得比率は二—三倍にまで低下します。

ところが、グローバリゼーションの時代、つまり一九八〇年代以降になると、この比率はふたたび上昇して四倍を超えます。そしてこの比率は、今後二一世紀に上昇を続け、七倍にまで達すると予測されています。ピケティはこの動きを「資産価格の歴史的な回復」（一九四頁）と呼びます。つまり、一九七〇—二〇一〇年に、とりわけヨーロッパと日本で民間資産が急増し、民間資産を保有するひとびとの所得が急上昇したのです。

言い換えると、グローバリゼーションの時代とは、民間資産をたくさん保有している人が所得をますます増やす社会であり、民間資産を相続するひとが富を有利に増やすことのできる世襲財産社会だ、ということがわかってきます。ピケティは、世襲財産の増殖が地球的規模で広まっていくこの社会を、「グローバル世襲資本主義」と呼びます。

さらに、ピケティは、この民間資産を所有するひとたちがその財産からどのくらいの収益を獲得するのかにも注目します。不動産、金融資産、特許権などの民間資産と、その資産を運用して得られる収益（利潤、賃料、配当、利子、ロイヤルティ〔特許権・実用新案権、商標権など〕、キャピタルゲインなど）との比率のことを、〈資本収益率〉と言います。ピケティによれば、この資本収益率は資本主義の三〇〇年のあいだ四―五％でほぼ一定していました。これに対して、産業活動の伸び率を示す年平均の経済成長率は、おおむね一―二％と資本収益率を大幅に下回ります。

ただ、資本主義の歴史上、二〇世紀の後半時期（一九五〇―七〇年）の、いわゆる組織資本主義の時代だけは、経済成長率が一時的に三・五―四％に上昇しました。そのために、資本収益率と経済成長率の差がこの時期だけ急速に縮まります。ところが、一九八〇年代以降のグローバリゼーションの時代になると、経済成長率はふたたび低下します。にもかかわらず、資本収益率のほうは四―五％という高率を維持する。つまり、グローバリゼーションの時代は、実体経済の成長率よりも、資産を保有する人がその資産を増やす伸び率（資本収益率）のほうが大きい、という法則が貫かれる時代だということがわかります（トマ・ピケティ、三六九頁の「世界的な収益率と経済成長率」の図を参照して下さい）。

わたしたちは、不動産、証券、株式、特許などを保有する人が富をますます増やし、額に汗して働く人がますます貧しくなる時代を生きているのです。わたしたちは産業活動を通して賃金や利潤を増やす資本主義よりも、むしろ不動産、金融資産などの財産を相続し産業活動にかかわることなく、その成果を地代、キャピタルゲイン、手数料といった不労所得としてポケットに入れる不労所得者が支配する資本主義を生きているのです。ピケティはそのような社会を〈不労所得社会＝レント社会〉と呼びます。

ところが、グローバリゼーションの時代には、あいかわらず〈自由で平等な市場競争〉という表象が支配します。市場競争を通して、自己の能力を発揮して競争に勝利したものがたくさんの富を手に入れ、能力のないもの、労働意欲のないものが貧しくなるのは自然のこと、あるいはやむをえないこととみなされます。グローバリゼーションの時代ほど、この能力主義の表象が定着した時代はありません。そして、この表象のもとで、不労所得層がみずからの私有財産をさらに増殖させ、多くの労働所得層が派遣労働や臨時工や日雇いなどの不安定な就労で低賃金を強いられる、グローバリゼーションの時代とは、そのような自由・平等の装いの下で極度の不自由と不平等が進展し、ひとびとの自律した共同社会の破壊が強力に推し進められる時代なのです。

三　貨幣と金融のグローバリゼーションという暴力

グローバリゼーションの時代は極端な資産格差を生み出し、不労所得者層が資産を蓄える不労所得社会であることを見たのですが、そのようなレント社会化を推進する原動力となっているのが、貨幣と金融のグローバリゼーションです。今日、世界を駆け巡る貨幣のうちで、財やサービスの交換を仲立ちする役割をはたす貨幣はごく一握りで、大半の貨幣は民間資産を増やすために投機を目的として取引されています。

たとえば、二〇一六年度の世界の貿易額は年間で一六兆ドルですが、毎日取引されている一日の外国為替取引額は、およそ四兆ドルにも達します。つまり、実体経済における財やサービスの交換に必要な貨幣はおよそ四日分の外国為替取引額があれば足りるわけです。残りの毎日取引されている四兆ドルという巨額の外国為替取引は、財やサービスの交換のためではなく、資産を運用して利ざやを稼ぐ投機を目的とした取引なのです。

このような膨大な額のマネー・フローが各国の為替レートを不安定にし、各国経済に影響を及ぼします。そして、ひとたびこの金融のグローバルな取引の連鎖が断ち切られるとき、世界的な規模での深刻な金融危機を引き起こします。

二〇〇八年のリーマン・ショックは、米国発の金融市場の危機が全世界に波及するというグローバル・リスクの発現の典型例でした。危機の発端は、米国におけるサブプライム・ローンという低所得者向け住宅ローンでした。米国の金融機関は、みずからが抱えるだぶついた資金の投資先を創り出すために、低所得者向けの住宅建設ブームを引き起こして、低所得者層に住宅ローンを組ませます。しかし、この住宅ローンはハイリスクのために、そのリスクを回避しようと、住宅ローン債権を証券化し、債務担保証券を発行してそれを売りさばき、リスクの転売を図ります。飲み屋の主人がつけで飲んだ客の支払証書を他人に転売するのと同じことが金融界でふつうの取引として定着するのです。しかもその際に、複数の証券を組み合わせて、どこにハイリスクの証券があるかわからないようにして売りさばきます。こうして、ハイリスクの債務担保証券という金融派生商品が世界中の金融市場で大量に取引されるようになります。

やがて住宅価格が下落するとともに、これらの証券が不良債権化しますが、債務担保証券は複雑に組み合わされているので、ハイリスクの証券の所在がわからなくなります。そのため、金融機関はたがいに疑心暗鬼になり、大量の遊休資金を抱えこんだまま資金の貸し出しを拒むようになります。これが世界の信用収縮（クレジット・クランチ）を引き起こしたのです。信用不安がもたらす信用収縮は、実体経済の資金不足を引き起こすことによって、深刻な長期不況へとつながりました。

このような世界金融恐慌の起点となったのは、一九七〇年代以降の、ドルを金とリンクさせた戦後国際通貨体制＝ドル本位制度の動揺の進展と、それを契機とした金融の自由化の流れでした。一九七一年八月に、当時の米国大統領ニクソンが声明を発してドルと金との交換を停止し、続いて一九七三年には、各国が自国通貨の固定レートを維持することができずに、固定相場制を変動相場制へと移行させました。これらの措置によって、「ブレトンウッズ体制」と呼ばれる第二次大戦後の安定した国際通貨体制が大きく揺らぎを見せます。その後、金の裏づけを欠いたドルが大量に発行され、それがドルの過剰をもたらし、その過剰なドルの投資先を見つけるために先進各国は金融自由化政策を促します。それ以降、投機を目的とした金融派生商品取引が膨張し、世界の資産バブル現象が高まっていきます。世界の金融市場では、投機を目的としたグローバルなマネー・フローが増殖していきます。

そして、製造業を初めとする実体経済の生産資本の循環がこのグローバルで投機的なマネーの運動によって支えられるというきわめて不安定で逆立ちした世界経済の仕組みができあがります。これが〈金融主導型資本主義〉と呼ばれるものの出現です。世界金融の中心地である米国のウォール街で金融取引が活況を呈し、世界各国からウォール街めがけて資金が集中します。米国に集中した資金が膨大な譲渡益、株の配当などの所得を増やし、これらの所得が今度は海外から消費財を購入する購買力の源泉となります。金融資産の取引の収益が、海外の、とりわけ新興工業諸国の工業製品に対する需要を形成して、グローバルな生産資本の循環運動を推進します。二一世紀に入って日本の製造業が生き延びることができたのも、米国の消費需要によって牽引された中国の経済成長のおかげでした。日本の製造業は中国での中間財(原材料、機械部品など)のニーズに応えて中国に中間財を輸出し、米国中心のグローバルな資金循環の恩恵にあずかったのです。

しかしこのような世界の経済成長はきわめて不安定で弱々しいものです。ひとたび金融資本の循環が切断されると、生産資本の循環運動はたちどころに行き詰まります。リーマン・ショックの金融危機は、こうして実体経済の経済成長の行き詰まりと破綻を招きました。その結果、グローバルなマネー・フローの循環の切断は、証券化商品の取引とはまったく無縁なひとびとに、つまり中小企業の経営者、消費者、労働者に襲いかかりました。

ウルリッヒ・ベックは現代世界を〈リスク（危険）社会〉と呼びます。そこでは、人間の技術や社会制度・経済制度が地球的な規模でのリスクを招き、そのグローバル・リスクが個人に直接襲いかかる「リスクの個人化」をもたらす、と言います。リーマン・ショックがもたらしたのはまさにその「リスクの個人化」だったのです。

これほどの深刻な危機を経験しながら、リーマン・ショックのあとになってもなお、同じようにして金融派生商品取引は増加の一途を辿っています。たとえば、日本で個人が保有する金融資産は、二〇〇八年の一五〇〇兆円から二〇一六年に一八〇〇兆円にまでふくらんでいます。労働者の賃金が伸び悩む一方で、個人の金融資産が着実に膨張し続けているのです。つまり、資産を保有する富裕層が証券取引、不動産取引などを通して不労所得を増やし続けていることがわかります。金融危機は終わってはいません。第二、第三のリーマン・ショックのおそれがつねにつきまとっているのです。

四　主権国家の危機と戦争

市場の、そして貨幣および金融のグローバリゼーションは、自由で平等な市場取引を世界に波及させ、平和で安定した富の増進をもたらすはずのものでした。しかし、それがもたらしたのは、ごく少数の富裕層が巨額の富を築き、多くのひとびとが貧困にあえぐ不平等な格差社会であり、ひとびとの共同のきずなを破壊し暮らしの自律を奪い、たがいの憎悪と敵対心をあおり立てる世界でした。市場のグローバルな自由取引は、国家間の合意や国際的な協議を欠いた状態で放置されると、かならず社会諸集団の、あるいは国家間の軍事的・政治的な紛争を引き起こす、ということが明らかとなったのです。

トマ・ピケティは、中東諸国における石油の資本取引が自由市場に委ねられたために国家間の軍事的な衝突を招いた事例を紹介しています。中東の石油輸出国は石油や天然ガスの販売によって資産を急増させ、その資産を政府が出資する投資ファンド（ソブリン・ウェルス・ファンドと言います）に蓄えました。その総資産額は二・五兆ドルと言われており、投機を目的としたヘッジファンドの取引規模をさらに上回る巨額なものです。このような石油輸出国による巨額の資産保有が欧米諸国の政治的反発を引き起こし、それが国際的な軍事紛争となって、勃発しました。

一九九〇―一九九一年の第一次湾岸戦争におけるイラクのクウェート侵攻とそれに対する欧米諸国の軍事介入がその事例です。イラクがクウェートに進行したのは、クウェートの石油資源を強奪することが目的でしたが、それに対して欧米諸国が軍事介入して、クウェートの石油の所有権を確認させます。このような国際的な軍事紛争は、石油資源のような巨額の富の分配を市場原理に任せると、富が極度に集中するようになり、その反発が軍事的な紛争を招くようになる、ということを示しています。自由な市場取引が富の極端な不平等を引き起こし、それが政治的・軍事的な国際紛争に発展する事例は数多く見られます。もしも中東で天然資源が共有財産にされ、共同で管理する体制がうち立てられ、石油収益の公正な分配がおこなわれていたら、このような軍事紛争の勃発を避けることができたのです。

市場のグローバリゼーションが暴力と戦争の連鎖を生み出したもうひとつの事例が、九・一一事件です。二〇〇一年九月一一日、アラブ系のグループによってハイジャックされた飛行機が、世界貿易センタービルとアメリカ国防総省に激突して三〇〇〇人を超える犠牲者を出しました。「同時多発テロ事件」と呼ばれるものは、それ自体が市場と貨幣および金融のグローバリゼーションがもたらした破局的暴力に対する抗議であり、その証拠に、この攻撃は富と権力の世界的象徴に向けておこなわれました。貿易センタービルは、世界の金融取引を担う金融会社がひしめく高層ビルであり、国防総省は世界最大の軍事力を保有する米国の軍事的拠点です。

しかしこの攻撃は、米国民によるイスラム世界への激しい憎悪をかき立て、米国政府による他国への報復的な軍事攻撃へとつながっていきます。米国は第二次世界大戦においても自国の領土が軍事攻撃を受けるという経験をほとんどしていません。しかし、九・一一事件は、市場と貨幣および金融のグローバリゼーションがもたらした暴力的な破局に対する批判が、世界の富と権力を集中する米国領土の中枢にまで及んだことを意味します。

しかし、米国民、および米国政府は、この事件をグローバリゼーションが内包する破局的暴力から発したものと受け止めようとはせずに、その逆に、この事件を中東世界による米国への攻撃とみなし、中東諸国の国家に対する軍事攻撃に踏み切ったのです。九・一一事件は、日本の真珠湾攻撃とはちがって、他国の主権国家が米国に対して軍事攻撃をしかけたものではありませんでした。それは非国家集団による違法行為でした。民間人による違法行為は、国内法の規定にしたがって犯人を逮捕し裁判にかけて司法によって措置しなければなりません。

ところが、当時のブッシュ大統領は、この事件が起きたとき、「これは戦争だ！」と叫んで、攻撃の矛先を中東地域の主権国家に向けたのです。こうして、アフガニスタンとイラクに対する軍事攻撃が発動されました。アフガニスタン政府に対しては、アフガニスタン政府が「同時多発テロ事件」を起こしたとされるアルカイーダという国際テロ組織を擁護しているという理由を掲げ、またイラクに対しては、フセイン政権が大量破壊兵器を隠し持っているという理由を掲げて、米国はこの二つの主権国家に対する軍事攻撃に踏み切ったのです。このような米国の軍事行動は、あきらかにアフガニスタンとイラクの主権を侵害する国際法違反の行為ですが、米国政府は自国の安全保障が脅かされたという視点をかぎりなく拡大解釈してこの軍事行動を敢行したのです。

グローバリゼーションの時代は、国境の仕切りが不分明になり、一国の主権それ自体がグローバルな国際秩序によって大きく左右されます。それゆえ国家安全保障の概念を拡大解釈すると、他国の主権を侵害しなければ自国の安全保障も維持できないという主張が生まれてきます。米国の中東に対する軍事攻撃は、そのようなグローバル時代における主権国家による国際秩序の組織化の限界を浮き彫りにした、と言うこともできます（これについては第三章で再度言及します）。

そして、米国国家によるこの二つの戦争は、九・一一事件をはるかに上回る犠牲者を出しました。アフガニスタン戦争も、イラク戦争も、いまだに続いていて、米国はその戦争を終結させることができずにいます。二〇〇三年から二〇一七年のあいだのイラク戦争の死者は二〇万人に上ります。それは、九・一一の犠牲者三〇〇〇人をはるかに上回り、しかもそのほとんどが女性・子供・高齢者などの民間人です。

要するに、市場のグローバリゼーションは、自由で平等で平和な世界をもたらすというフランシス・フクヤマの想定を裏切り、超大国による戦争を招きよせたのです。

超大国の戦争だけではありません。グローバリゼーションの国境を越えた無秩序な波及力は、主権国家による統治能力を弱体化させ、非国家集団による暴力をも増幅させました。市場のグローバリゼーションは、国境を越えた市場取引を推進すると同時に、暴力と紛争をトランスナショナルに蔓延させ、主権国家の統治能力を衰弱させます。国家の戦争と非国家組織の暴力とが融合し、社会を破壊する危機が増幅していきます。東欧、中東、アフリカなど主権国家が弱体化している地域では、非国家組織の暴力と国家の軍事活動がとりわけ区別しにくくなっています。市場のグローバリゼーションは、ひとびとの伝統的な生活を破壊し、既存の集団を解体して、それらの集団を貧困と悲惨な状態に追いやります。伝統的な集団を破壊されたひとびとは、みずからの集団的アイデンティティを再建しようとその憎悪を他の集団に振り向けます。このような非国家集団相互の暴力と人権侵害や犯罪行為と、国家による正規の戦争とが入り交じって区別がつかなくなるのです。メアリー・カルドーはこのような状態を「新しい戦争」、「ポストモダン戦争」と呼んでいます。

のちほどさらに詳しく述べますが、グローバリゼーションの時代は、近代世界が生み出した主権国家による国際秩序を突き崩して、主権国家の制御能力を超えた暴力を発動したのです。米国のような強大な主権をもった超大国は、この無放縦な暴力を主権国家の軍事力によって押さえ込もうとしますが、その制御能力を遙かに超えた混乱と暴力が解き放たれます。グローバリゼーションは新しい戦争と暴力の時代を開いたのです。

五　破局の生産装置としてのグローバル資本主義
――〈ショック・ドクトリン〉と〈新しいコーポラティズム〉

グローバリゼーションは、グローバルな市場取引を無規制に解き放つことによって、結果的に格差や不平等や混乱を生み出しただけではありません。グローバリゼーションの時代には、はじめから社会に混乱と破局を招き入れて、その混乱や破局を利用してさらなる私益を追求しようとする策略が講じられます。ですから、破局的危機は、グローバル市場の発展に随伴する副次的な作用であったり、グローバル市場の発展の帰結として生ずるだけではないのです。グローバル資本は、破局的危機を意図的に創出することにより、この危機を契機として経済成長を推進しようとするのです。

このグローバル資本の策動を解明したのが、ナオミ・クラインです。クラインは、拷問実験室で被験者の身体を電気ショック、薬物投与、強制睡眠などの方法で痛めつけ、その被験者から記憶を消去し、脳を白紙の状態に還元する精神医療実験を紹介しながら、新自由主義の経済政策が同じようにして、クーデタ、戦争、社会危機を作為的に創出し、あるいは津波や洪水などの災害を利用して、社会を混乱状態に陥れ、社会を白紙状態に還元したうえで、そこに多くのビジネス・チャンスを創り出そうとする一連の動きが見られることを察知し、この動きを「ショック・ドクトリン」と名付けました。

ナオミ・クラインは、そのようなショック・ドクトリンの起点となったのが、チリの軍事クーデタだと言います。一九七三年にチリのピノチェト将軍がアジェンデ社会主義政権を軍事クーデタで転覆しました（その日付が九月一一日なので、「もうひとつの九・一一」と呼ばれています）。このクーデタは、その背後で米国のＣＩＡや多国籍企業が後押しをしていた、と言われています。そしてこのクーデタの後、シカゴ学派（新自由主義経済学説を代表する）のリーダーであるミルトン・フリードマンがチリの若い研究者集団を率いてチリに乗り込み、社会保障費の削減、国営企業の民営化、輸入関税の一括引き下げ、輸入制限の撤廃といった新自由主義的な政策をつぎつぎとうち出し、チリにおいて外国企業、とりわけ米国資本のための投資機会を創出したのです。

軍事クーデタだけではありません。津波、地震、ハリケーンなどの自然災害が発生したときに、その災害の危機を利用して資本が投資活動に乗り出す動きが、グローバリゼーションの時代とともに加速していきます。クラインは「壊滅的な出来事が発生した直後、災害処理をまたとない市場チャンスととらえ、公共領域にいっせいに群がるこのような襲撃的行為」（『ショック・ドクトリン』邦訳上、五―六頁）を仕掛ける資本主義を「惨事便乗型資本主義」（同、六頁）と呼びました。

政府と企業は惨事に便乗するだけではありません。企業と政府は、たがいに連携してビジネス・

チャンスを創出するための法的・政策的な整備を推進します。民営化、金融取引・労働市場の規制緩和などに向けた法的整備や経済政策がそれです。それは「新しいコーポラティズム」（ナオミ・クライン）と命名されています。

「新しいコーポラティズム」と言えば、通常は、第二次大戦後から一九七〇年代までの組織資本主義の時代における政府と経営者と労働組合の協議体制をさして使う言葉でした（一八頁を参照して下さい）。需要と供給を市場の価格変動によって自動調整する資本主義ではなく、需要と供給を諸種の制度（労使間の団体交渉、金融通貨制度、労働基準法、最低賃金制度、福祉国家、国際通貨体制）によって事前に調整する組織された資本主義が「新しいコーポラティズム」と呼ばれていたのです。ところが、クラインが指摘する「新しいコーポラティズム」は、その逆に組織資本主義のこれらの諸種の制度を解体し、規制を緩和することによって、市場の競争活力を無放縦に解き放ち、そのエネルギーによって成長を促進しようとするのです。

グローバル市場経済においては、資本の投資活動を効率的に推進できるようにして法が整備されます。企業は政治家と結託して、ビジネス・チャンスを創造することができるような法的・政策的整備を推し進めたのです。

貧困大国化する米国において、そのような法的・政策的整備が進行したことを、ジャーナリストの堤未果が詳細に報告しています。たとえば、アメリカ政府は二〇〇八年に貧困者の救済策として、低所得者、失業者、高齢者、障害者に「フード・スタンプ」という食料費支援策を始めました。

二〇一一年度で七五〇億ドルという巨額の給付金が支給されています。けれども、この制度のねらいは貧困者の救済にあるのではなく、コカコーラ、ウォルマート、ヤム・ブランズといった飲料水、ファーストフード、大規模小売りチェーンの巨大企業のために膨大な消費需要を提供することがその真意でした。

また、二〇〇二年にブッシュ政権のもとで制定された教育改革「落ちこぼれゼロ法」は、学校を生徒の成績によって評価し成績が向上した学校に多額の資金を援助する法律ですが、このような仕組みをつくることによって、低所得層が多く住み、生徒の成績がよくない公立学校は成績不良校とみなされ、支援を受けられずに破綻し、代わってチャータースクールという私営の学校が設立されるようになります。つまり、教育改革法の制定は、教育の市場化を推進する政策手段として利用されたのです。

さらに、米国では、労働組合の弱体化を狙った労働権法が州単位で導入されるようになっています。労働権法とは、労働組合への加入を強制することを禁止し、組合費の納入の義務化を廃止する規程を盛り込んだ法律ですが、この労働権法が導入された州では、労働組合の組織率が低下し労働組合の交渉能力が後退するため、企業の進出が活発になり、賃金の低下と雇用の非正規化が進んでいきます。その逆に、労働権法を導入せずに、労働組合が強力なままの地域では、投資が減退し、地域経済が衰退します。そのようにして、米国では資本の自由な投資活動を推進する法的な整備がつぎつぎと打ち出されていきました。

要するに、新しいコーポラティズムにもとづいて制定される法は、社会的弱者を保護するためではなく、市場取引を促進し、企業の投資活動を活性化するという功利主義的な視点から、政府と企業の手によって制定されていることがわかります。市場の破壊的暴力は、市場取引の自然発生的な増殖に任せられているのではなく、巨大企業と政府との協議によって政治的に組織されたのです。

第二章　グローバル資本主義と近代世界

前章では、二一世紀初頭の今日においてわたしたちが遭遇しているグローバル資本主義の破局的な暴力の実相を、一九九〇年代以降のポスト冷戦時代の動きとして追ってきました、しかし、グローバル資本主義がはらむこの暴力は、それよりもはるかに長い近代の世界史の過程に根ざしています。この暴力は、ほぼ五世紀にわたる近代の歴史を通して発動され、その最終的な帰結をわたしたちはグローバリゼーションというかたちで経験しているのです。ここでは、グローバル資本主義がはらむ破局的暴力の根がどこにあるのかを、さらに掘り下げて考えてみたいと思います。

一　市場取引の自由と破局的暴力――カール・ポランニー

市場で財やサービスを取引する、さらに、市場取引のための財やサービスを生産し、市場で取引して、それらを消費する、このような市場取引によって経済を運営する仕組みは、市場が自然発生的に発展した結果として生じてきたものであるかのように受け取られがちです。しかし、今日のように、財やサービスだけでなく、情報や知識、株や証券、福祉・医療・教育、さらには人間の労働力までもが市場で取引される世界は、けっして市場の自生的な発展によってもたらされたわけではありません。市場取引によって社会の暮らし全体を取り仕切るような世界は、ひととひととの社会的な関係のありかた、法律や社会制度、ひとびとのものの考え方や慣行、技術や科学や学問のありかたをふくめて、政治的に組織され生産されたものにほかなりません。

自由な市場競争をかぎりなく普及させれば、経済成長が促され、社会は豊かになり、ひとびとは幸福になる、このような考え方がこんにち、わたしたちを支配しています。しかし、このような考え方はけっして自明なことでもなければ、人類史の始原から存在した考えだというわけでもありません。

この考え方はどこから生まれてきたのでしょうか。今から七〇年以上も前にこの問いをつきつめて考えた経済学者がいました。カール・ポランニーです。かれは一九四四年に『大転換』という書を著わします。その書において、市場における財やサービスの取引が価格の変動を通して自動的に調整される仕組みが社会を効率的に組織し社会に豊かさをもたらす、という考え方を、「経済的自由主義」と呼びました。そして、この考え方を経済学説としてうちたてたのが、リカードやマルサスに代表される古典派経済学だった、と言います。経済的自由主義は、社会のあらゆる領域を市場の価格変動を媒介にした需要と供給の自動的な調整によって組織しようとします。財やサービスだけでなく、人間の労働力を売り買いする労働市場、教育・医療・健康管理・介護・出産・子育て・美術・芸術などの、ありとあらゆる領域が市場取引によって組織される社会がこのようにして生まれてきます。ポランニーはそのような経済的自由主義の考え方によって組織される社会を「市場社会」と呼びます。わたしたちが今暮らしている世界がまさにその市場社会です。

しかし、ほかならぬこの「市場のユートピア」を実現する社会こそが、その根底に恐るべき破壊的暴力をはらんでおり、市場社会はその暴力を通して生み出されてきたものだ、ということを、ポランニーは見抜きました。

ポランニーは、その典型的な事例として労働市場をとりあげます。労働市場とは、人間の労働能力を市場で商品として売買する場ですが、人間の労働能力が市場で自由に売買されるためには、多くのひとびとが生存の道を断たれる状況を作り出し、ひとびとが飢えに迫られて生きるために労働市場に赴くようになることが必要とされます。その逆に、ひとびとが共同体に帰属し共同体に支えられて日々の生活を送っていたり、あるいは困窮状態に陥ったときにその窮状を救う救済制度がある場合には、ひとびとは労働市場で自分の労働力を商品として販売しようとはしません。そのような経済の仕組みが機能している場合には、労働力の需要と供給の関係を賃金の変動によって調整するという労働市場は機能しません。

ポランニーはこの労働市場の創設にかかわる論争として、一八世紀の後半以降イギリスで繰り広げられた救貧法の論争に着目します。イギリスでは、一七世紀以降、キリスト教会が貧民を救済するためにスピーナムランドという制度を設けて貧民を救貧院に収用して保護していました。これに対して、『人口論』（一七九八年）を著したロバート・マルサスをはじめとする古典派経済学者たちは、この救貧制度の廃止を主張します。というのは、貧民を保護する救貧制度が貧民から労働意欲を奪い、貧民を怠け者にして社会を衰退させることになる、というのがマルサスらの主張だからです。救貧制度を廃止すれば、貧民は飢えに迫られて労働市場に赴き、自分の労働力を売って働くようになり、その結果社会の富は増進する。救貧法は労働意欲のない人の生存を保証することによって、かえって貧困をますます増長させる悪法で、そのような保護を撤廃することによってこそ、人口を抑制し、労働力の需要と供給の均衡を維持することができる、マルサスはこう主張します。

つまり、市場の自動調整作用によって社会を組織するためには、市場の外でひとびとの生存を保証している相互扶助の仕組みや救済の仕組みをすべて解体し、ひとびとが生存の保証を失って生身のはだかの個人として投げ出される状態が必要になる、というのです。このようにして、イギリスの国内では、一六―一八世紀にかけて、農村の共同体が破壊され、農民が無産者として追放される過程が進行します。そしてついには、一八三四年に新救貧法ができて、スピーナムランド制は廃止の方向へと向かいます。

しかしこのような暴力はイギリスの国内にとどまりません。市場の自動調整作用の運動は、イギリスを、さらには西ヨーロッパを越えて世界市場を創出していったからです。国際自由貿易を推進するためには、非西欧地帯の農業を市場経済に組み込んで、イギリスの工業製品と交換する体制を整備しなければなりません。そのために必要なこと、それは非西欧地帯の伝統的な農業と農村を解体して、農民を生活の基盤である共同体から引き離すことです。それはたんなる経済的な搾取にとどまらず、それを超えて非西欧地帯の生活と文化の総体を破壊する暴力を発動します。ポランニーは、インドやアフリカにおけるイギリスの植民地において推進されたこの破壊的暴力のことを、人類学者の言葉を借りて「文化的破局」と呼びます。こうして、帝国主義本国内部において無産者を生産する暴力と、植民地地域における文化的破局が同時進行し、その帰結として農業と工業の国際分業、および国際的自由貿易が生み出されたのです。

つまり、市場の自動調整機能によって組織される市場社会が誕生するためには、社会の倫理や道徳、社会の制度や規範が大転換を遂げることが必要だったのです。市場社会の以前には、慈善と相互扶助によって労働不能者や貧者を救済する制度が機能し、私益を求める経済活動は厳しく規制され、ひとびとが共同体の倫理と規範によって暮らす社会がありました。市場社会の出現によって、私益を追求する行為が全面的に是認され賞賛され、相互扶助が怠惰を生むとして切り捨てられ、自助を原理として飢餓に迫られて労働を強いられる社会が出現したのです。

第一部で見た市場のグローバリゼーションが発動する破局的暴力は、ポランニーが経済的自由主義の原理にもとづく市場社会の根源に見た文化的破局の暴力の二一世紀的様態であることをわたしたちは再認識する必要があるのです（ここでのカール・ポランニーの説明は、若森みどり『カール・ポランニーの経済学入門』に負っています）。

二　本源的所有の解体と私的所有――カール・マルクス

わたしたちが市場の暴力的作用に直面しているグローバリゼーションの時代は、長い人類史のなかでどのように位置づけられるのか、この問いをポランニーよりさらに一世紀近く前に考えていたのが、カール・マルクスです。

マルクスは、市場における商品の自由で平等な交換によって組織される社会が共同社会の解体のうえに成り立つ社会であることを見抜いていました。ひとびとが共同性を失い私的な個人として自己の私的労働にもとづいて社会的な関係を結ぶ社会、それが商品社会（ポランニーの市場社会）です。

ひとびとが共同で土地を領有し利用する共同体の社会では、労働の成果を市場で商品として交換するという関係は生まれてきません。ひとびとが土地を私的に所有し自己の労働の成果を他人の労働の成果と交換しようとするときに、市場の交換が生まれます。つまり、市場取引が社会全体を支配するような世界では、共同社会の解体と私的所有の全面的な支配が前提とされるのです。

やがて、市場で交換される商品のなかに人間自身が含まれるようになります。そして、人間の労働能力が商品として市場で交換されるようになるとき、私的所有に重大な変化が生じてきます。賃金労働者とは、資産や生産手段をもたず自分の労働能力を商品として市場で販売するほかない無産者です。賃金労働者とは、もはや自己の労働にもとづいてその成果をわがものとする道を断たれた存在なのです。カール・ポランニーが見抜いたように、経済的自由主義の発想にもとづいて市場交換によって社会を組織するためには、労働を所有から切り離し労働者を無産者にするという「文化的破局」の過程が前提とされるのです。

市場が社会を全面的に支配するようになる近代社会に先立つ世界では、人類は共同で土地を領有し利用する暮らしを送っていました。ひとびとは共同社会の成員として共同体に帰属し労働に必要な土地や生産手段を共同で所有し自然に働きかけていました。近代の資本主義は、労働と所有が本源的に統一されたこの世界を暴力的に解体し、ひとびとを所有から切り離し、私有財産なき私的所有者にして労働市場に送り込む長い歴史をたどってきたのです。市場の取引によって世界を一つにつなごうとするグローバリゼーションの過程は、この歴史の最終的な帰結にほかなりません。アフリカも、北極も、南極も、地球上のすべての地域がこの暴力にさらされる、それがグローバリゼーションの時代なのです。

このように見てくると、わたしたちは市場における自由で平等な交換が何をしているのかがわかってきます。市場における資本と労働の交換は、自由で対等な私的所有者相互の交換であるかのように見えます。賃金を支払って他人の労働時間を購買する企業経営者と、その労働時間を販売して賃金を受け取る労働者との交換は、そのかぎりでは私的所有者同士の自由で平等な取引です。

しかし、交換の後はどうなるのでしょうか。企業経営者は手に入れた労働力商品を企業のなかで使用する全面的な権利を手にします。そのとき、労働者はもはや私的所有者ではなく他人にとって使用される商品になるのです。資本と労働の交換における私的所有者相互の関係は、交換のあとに現われる生産過程においては、私的所有者と、その私的所有者によって消費される商品との関係に変質します。ここで結ばれるのは、対等な人間同士の関係ではなく、支配する者と支配される者との関係であり、人と商品（物）の関係です。商品とみなされ支配される者（賃金労働者）がみずからの権利を主張して抵抗しないかぎり、この支配の論理はかぎりなく貫かれていきます。

では、なぜ交換における私的所有者相互の関係は、生産過程において私的所有者と商品との関係に変質するのでしょうか。それは、私的所有者相互の市場取引がはじめから労働と所有の分離の関係のうえに存立しているからにほかなりません。賃金労働者は自分で労働するために必要な生産諸条件を奪われている無産者であるがゆえに、生きるために労働市場でみずからの労働能力を売り渡すほかないのです。

つまり、市場における資本と労働の自由で平等な交換が成立するためには、労働者が労働に必要な生産諸条件との結びつきを断たれる、という条件が必要になります。ところが、近代資本主義に先立つ社会では、ひとびとは共同体に所属して土地を共同で所有し、共同で自然に働きかけて生活を営んでいました。この共同体および土地とのひとびとの結びつきを解体しなければ、市場における資本と労働の交換は成立しません。

マルクスは資本と労働の交換が成立するための条件をつくりだす過程を「資本の本源的蓄積過程」と呼びました。この過程が、資本主義の生成期に西欧社会の内と外で強力に進行します。西欧の内部では、農民の土地を暴力的に剥奪し共同体を破壊して農民を追放し無産者にして都市に追い込み賃金労働者へと駆り立てる過程が進行し、西欧の外部では、共同体の社会を破壊して先住民を奴隷にし金銀を略奪して西欧にもちかえる、アフリカやアジアやアメリカ大陸を植民地化し、それらの地域の富をみずからの私有物に転換するという過程が進行したのです。

それゆえ、市場における資本と労働の交換は、その交換が成立する歴史的条件を整える過程で恐るべき破局的暴力が行使されたのです。

しかし、この破局的暴力の行使は、過ぎ去った過去のことではありません。それは現在の市場取引において日々再生産されているのです。労働者が労働市場で労働契約を結び賃金労働をするという合法的な日々の行為を通して、労働とその生産諸条件の所有との分離がくりかえし再生産されるからです。自分の労働能力を日々再生産してその労働能力を販売し続ける賃金労働者と、資産を私的に所有してその資産を拡大し続ける所有者との社会的な分断が、資本と労働の交換を通して日々維持され増幅していくのです。わたしたちはマルクスが一五〇〇年ほどまえに見抜いたこの過程が、不安定な雇用条件で長時間労働を強いられるワーキングプアーの労働者と、資産運用で不労所得を着々と蓄える富裕層とに二極化するグローバリゼーションの過程において進行するのを目の当たりにしているのです。

しかし、マルクスの考察はそこにとどまりません。マルクスのまなざしは、労働と所有の分離の上に成り立つ資本主義とは異なったかたちで日々の暮らしを営んでいる社会へと向かいます。労働と所有が分離せずに両者が本源的に統一していた世界、「資本の本源的蓄積」の過程よりもさらに以前の世界へとマルクスの眼は向かうのです。

労働と所有の本源的統一が暴力的に解体される過程に先立つ歴史、それは近代西欧社会の前史であると同時に、非西欧地帯の世界の歴史にほかなりません。マルクスは『資本論』の執筆に先だって作成した準備ノート『経済学批判要綱』(一八五七—五八年)において「資本の本源的蓄積に先行する諸形態」と題してこの考察をおこなっています。

そこで、マルクスは労働と所有が本源的に結びついたもっとも原古的な形態として「東洋的共同体」をとりあげます。そこでは「種族共同体」あるいは「自然的共同体」が土地の共同所有と利用の前提とされます。人間は、言語を共同の所産とするのと同じように、土地の所有についても本源的に共同の所産としているのです。マルクスがここで「東洋的共同体」と呼んでいるのは、いわゆるアジア地域のことを意味するだけではありません。それは今日で言うと、アジア、アフリカ、ラテン・アメリカ、中東など近代西欧の外部に存在する地域における所有のありかたを総称したものと言えます。したがってその共同体のありようもきわめて多様です。多数の小共同体が水平に連合したものもあれば、多数の共同体を総括する統一者が専制君主として立ち現れる東洋的専制主義もあります。しかも、その多様な東洋的共同体はそれぞれ固有の歴史をもって発展を遂げます。

マルクスは、近代資本主義が本格的に誕生する一九世紀に西欧で暮らし、近代的資本の運動の仕組みを根源的に掘り下げて究明しながらも、同時にその資本主義を批判する立脚点として、「東洋的共同体」という労働と所有が本源的に統一された社会を考察することにエネルギーを注ぎました。マルクスにとって、東洋的共同体とは、近代資本主義によって解体を宿命づけられた過去の社会ではなく、近代資本主義を批判しそれを乗り越えていく立脚点として発見されたのです。マルクスは、労働と所有の分離を暴力的に推進する資本の運動を批判的に解読する『資本論』という書物を執筆することによって、同時に、この資本の運動が招き寄せる世界の終わりから抜け出す道筋を労働と所有の本源的統一の世界である「東洋的共同体」のうちに発見したのです。だからこそマルクスは、『資本論』が完成することなく死を迎えつつあった一八八〇年代初頭の時点においてもなお、古代史研究、共同体研究に異常なまでの執念を見せ、その抜粋ノートを作成し続けたのです。

グローバリゼーションが世界の終末を予見させる今日において、マルクスが追い求めた労働と所有の本源的統一の社会の探究は、わたしたちが世界の終わりから抜け出すための貴重な灯明なのです。

三　ヨーロッパのねつ造と非ヨーロッパの征服――コロンブス後の世界史

ポランニーとマルクスがとらえた近代の市場経済と資本の運動が発動する破壊的暴力の始原はどこに求められるのでしょうか。

その始原は、西欧が非西欧地帯に対する征服の歴史を開始したコロンブスの時代（一五世紀末）にさかのぼることができます。コロンブス以前の時代に、地球上の各大陸には、それぞれ固有の歴史をもった共同体の社会が、つまり労働と所有の本源的統一の社会が築かれていました。コロンブス以降、各地の社会はまじりあい均質化されます。社会だけでなく、生態系がたがいに入り交じるようになります。アメリカ大陸のトウモロコシがアフリカに、サツマイモが東アジアに、馬とリンゴがアメリカ大陸に伝えられ、昆虫、バクテリア、ウィルスなども混じり合います。チャールズ・C・マンは、このような社会や文化や生態系の地球的な規模での混じり合いを「均質新世」と呼びます。また、クロスビー『生態系帝国主義』は、これを「コロンブス交換」と呼びました。その意味で、今日のグローバリゼーションの始原は、コロンブスの時代にさかのぼることができると言えます。チャールズ・C・マンは、コロンブスの時代がよく言われるように「ヨーロッパによる新大陸の発見」の時代なのではなく、世界中に広がり相互に影響を及ぼし合うというそれまで存在しなかったまったく新しい文明が創造された時代とみなすべきだ、と主張します。つまり、コロンブスの時代に、グローバリゼーションの世界が新たに創造され、世界史が創造された、と言うわけです。

しかしここで見逃してならないのは、ポランニーとマルクスの視点です。この「均質新世」あるいは「コロンブス交換」という新しい文明の創造は、労働と所有の本源的統一にもとづく多様な社会が、労働と所有の分離にもとづく市場社会という一元化された社会へと転換する時代の出現を意味しています。そしてこの転換は、西欧による非西欧地帯の征服と暴力的収奪というかたちをとって創出されたのです。そのために、世界の生態系も、世界の文明も、社会も、西欧に都合のよいようにして、かたちづくられました。

コロンブスは、航海で「発見した」島や陸地や村落にヨーロッパの名前を付けます。しかし、その陸地や島にはすでに人が住んでいて、独自の文化と暮らしをもっていました。その土地にヨーロッパの名前を付けるということは、それらの文化と暮らしを破壊して、その土地をヨーロッパの土地として支配し領有することを意味します。ヨーロッパ人はそのようなかたちで商品社会＝市場社会という「新しい世界」を創造したのです。ヨーロッパにとって、その外部の世界は、自己が有効に利用することのできる素材としかみなされなかったのです。

この「新しい世界」は、それ以前に多様な文明と歴史をかたちづくっていた労働と所有の統一された世界をうち砕きました。西欧がやったことは、きわめて多様なかたちで存在していた労働と所有の統一にもとづく諸文明を破壊し、その富を略奪し、その世界に住む住民を奴隷にする、そして、その世界に代わって、労働と所有が分離された均質な世界を生産する、ということだったのです。

西欧が行使した暴力によって、わずか五〇年のあいだに、七五〇〇万人のアメリカ・インディアンが死にたえます。そして、アメリカ・インディアンに代わって、四世紀のあいだに一三〇〇万人のアフリカ人が奴隷としてアメリカ大陸に連行されたのです。わたしたちは、いまこの五〇〇年にわたって「新しい世界」を生産してきた長い歴史過程の終着点で暮らしているのです。二〇世紀末から二一世紀に急進展した市場のグローバリゼーションが、市場取引の自由・平等・平和という理念を掲げながら、アメリカ型生活様式を世界中に押しつけ、ひとびとの相互扶助と連帯の暮らしを破壊して格差と不平等を波及させ、国家による軍事攻撃や人種間・民族間の対立を激化させたように、一五世紀末のコロンブスの時代も、「文明の進歩」という名において、非西欧地帯のひとびとの暮らしと生態系を破壊し、そのひとびとを奴隷にし、虐殺し、資源を略奪するという暴力を行使したのです。

もうひとつ見逃してはならないことがあります。西欧による非西欧地帯の征服を通した世界史の創造は、西欧自身の社会を「征服と侵略の大陸」へとつくりかえる過程をともなった、ということです。むしろ、西欧は、非西欧地帯の征服に先立って、みずからを征服の大陸へと変身させる自己改造を遂げていたのです。征服と侵略の大陸へと自己改造したヨーロッパが、世界を征服する大陸として近代の暴力的な世界史を開いていったのです。

ヨーロッパによる非西欧地帯の征服に先立って、ヨーロッパはみずからの大陸の歴史をねつ造します。ジャック・アタリはこのヨーロッパの自己改造の歴史を『歴史の破壊　未来の略奪』において、丁寧に追跡しています。ヨーロッパは一五世紀にローマ教会とカトリックの王が、ユダヤ教徒、イスラム教徒を追放して、みずからの大陸をキリスト教の大陸に純化します。ヨーロッパ生まれではなかったキリスト教が、その後、宗教的支柱としてヨーロッパに君臨することになります。その逆に、地中海沿岸で生まれ、スペインや南イタリアの自治都市に根づいていたイスラム教は、一一―一五世紀にかけてキリスト教によって駆逐されます。また、ユダヤ人もヨーロッパ各地で排斥され追放され、あるいはキリスト教への改宗を迫られます（二〇世紀におこなわれたナチスのジェノサイドはすでにここに始まっているのです）。

さらに、中世後期の西欧では、東洋との商業活動がしだいに活発になり、大商人が台頭するようになります。利潤を計算し、収益を分配する数学的思考が普及していきます。幾何学的な遠近法の思考が発展します。このようにして、近代の市場経済の発展を促すものの考え方、思考のスタイルが根づいていきます。貨幣は中世のヨーロッパにおいて、利子をともなう貸し付けが禁じられ、共同体を破壊する危険なものとして遠ざけられていたのですが、商業取引の発展とともに、ひとびとのあいだに黄金欲望がめばえ、しだいに貨幣が崇拝の対象になっていきます。

このように、西欧社会が侵略と征服の大陸へ向けた自己改造を遂げていったことによって、近代の世界史が創造されたのです。この視点は、近代日本がアジアの植民地支配と侵略戦争を進めるべくみずからの社会を自己改造していったことを考える上でも、見逃すことのできない視点なのです。

第三章　グローバル資本主義からの脱出

わたしたちがグローバリゼーションの破局的暴力に直面しているこの現在は、近代五〇〇年の歴史において発動されてきた破局的暴力の集大成であることを了解していただけたかと思います。それゆえ、グローバリゼーションに立ち向かうわたしたちは、近代世界の市場と国家が五〇〇年にわたって発動してきたこの暴力に向き合うという重い課題を背負っているのです。この暴力から脱出する道筋を二つ提示したいと思います。それはこれまでのグローバリゼーションの進展の過程ですでにはらまれている動きでもあります。

ひとつは、グローバリゼーションが国家を超えてあふれ出る社会を生み出したことであり、そのような社会をどのようにして組織するかという課題です。

もうひとつは、グローバリゼーションが発動する市場と貨幣の暴力を制御し、市場と貨幣を社会に埋め込む経済をどのようにして組織するか、という課題です。この二つの課題を集約する言葉が、ひとつは〈グローバル市民社会〉であり、もうひとつは〈社会的連帯経済〉です。そのそれぞれについて考えてみましょう。

一　国家を超える社会をどう組織するか――グローバル市民社会

1　トランスナショナルな主権とグローバル市民戦争の時代

近代の世界は社会のあらゆる権力を国家が独占する時代でした。近代に先立つ社会、たとえばヨーロッパの封建制の時代には、国王、教会、封建領主、自治都市、職人ギルド、商人ギルドなどのさまざまな権力が分立しせめぎ合っていました。近代世界は、そのようなさまざまな権力を解体し、ひとびとをそれらの権力体制（身分制度、特権団体）から解放すると同時に、形式的に自由で平等な私的個人を生み出しました。そして同時に、それらの私的諸個人を統括する唯一の権力を、つまり主権国家を生み出したのです。さらに、この主権国家は国内の私的な諸個人を国民として統括するだけでなく、主権国家の外部の世界秩序を組織する主体にもなったのです。

ヨーロッパでは、一六四八年にそれまで続いた三〇年戦争（当事神聖ローマ帝国の支配下にあったドイツでおこなわれたカトリック・プロテスタントの宗教戦争）を終結させるための講和条約としてウエストファーレン条約が結ばれました。この条約によって、それまでヨーロッパを統括していたローマ・カトリックの神聖ローマ教皇の権力に代わって、主権国家の領土権、統治権が承認されます。その後、ヨーロッパの国際秩序は、主権国家間の外交関係によって処理されるようになりました。他国の主権を侵害してはならない、という内政不干渉にもとづく国際秩序がこのようにしてうちたてられたのです。

しかし、この国際秩序は、非西欧地帯の諸民族の主権を奪って植民地化する体制と不可分であり、それらの植民地住民の抑圧と支配に支えられたものでした。この国際秩序を通して、欧米諸列強は、非西欧地帯の植民地統治を推進し、世界の軍事的・政治的・文化的支配を強固なものにしていったのです。

ですから、欧米諸列強の諸国に誕生した市民社会は、非西欧地帯の主権を剥奪しそれらの地帯の市民社会を抑圧することによって、それと引き替えにうちたてられたのです。非西欧地帯においても、地域の住民がみずからの生活を支える自治組織がありました。アジアでは農村の多様な伝統的な共同体組織が存続し、イスラム世界では七―一四世紀にギルド、結社、バザールというかたちで、商人、生産者、店主の自治組織が栄えていました。欧米の主権国家による植民地統治は、これらの自治組織を暴力的に解体しました。さらに、アフリカの黒人奴隷制度、東欧の再版農奴制（西欧で農奴が解放されたのと逆に、自由農民を農奴にする動きが東欧で一六―一八世紀に起きる）などを生み出したのも、西欧の主権国家による植民地主義の体制でした。主権国家による国際秩序の体制が、非西欧地帯における相互扶助と連帯にもとづく社会秩序を破壊し、非西欧地帯の非市民社会化を推進し、奴隷制と農奴制という抑圧と支配の仕組みを再構築したのです。

そして、この国際体制は、やがて主権国家相互の領土拡大をかけた帝国主義戦争を引き起こすことになります。一八世紀後半の産業革命以降西ヨーロッパに出現した近代資本主義は、一九世紀から二〇世紀にかけて世界的に波及し、非西欧社会の植民地化を通して資本の蓄積を推進しました。そして、資本主義諸列強はこれらの植民地の確保をめぐって争い、その争いが二〇世紀に入って二つの世界戦争を生み出したのです。ですから、近代資本主義の発展、非西欧地帯の植民地支配、帝国主義の世界戦争、という近代史の主立った動きは、ウエストファーレン条約以降にうちたてられた主権国家による国際体制の枠組みのもとで推し進められたのです。それゆえ、近代世界をかたちづくったこの国際秩序は、〈ウエストファーレン体制〉と呼ばれています。

前章で見た、「均質新世」あるいは「コロンブス交換」と呼ばれる西欧が切り開いた血塗られた暴力の世界史は、ウエストファーレン体制と呼ばれるこの政治的枠組みによって推し進められたのです。この国際秩序こそ、わたしたちを世界の終わりへと導く水路をかたちづくったものにほかなりません。

しかし、ウエストファーレン条約以降三五〇年以上続いたこの主権国家の国際秩序は、グローバリゼーションの時代になると（とりわけ一九九〇年代以降）大きく揺らぎをみせるようになります。多国籍企業のような複数の国家にまたがって生産・販売活動を繰り広げる超国家企業のパワーや、国際金融市場でおびただしい額の証券や株を取引する証券会社、銀行、ヘッジファンドマネージャーの力は主権国家が管理する国民経済を圧倒し、国家の主権に重大な作用を及ぼします。多国籍企業は、複数の国家にまたがった生産拠点をネットワークでつなぎ企業の内部にトランスナショナルな生産工程の連鎖を築きます。株式会社の内部組織が国境にまたがって組織されるのです。多国籍銀行や証券会社は、世界中の主要都市に支店を置き、国境を越えて資金を移動させます。これらの巨大企業は、各国の主権国家の管理の網の目をかいくぐります。法人税の支払いを逃れるために、イギリス領のバミューダ島やカリブ海の島国に本社を移し租税回避をします。投機を目的としたマネー・フローは、各国の為替レートに大きく作用することによって、国民経済を揺さぶります。

このようにして、グローバリゼーションの時代は、主権国家を超える強大な権力をもった企業・貨幣・市場を生み出し、主権国家がその権力をコントロールすることができない状況を生み出しました。ただし、付言しておかなければなりませんが、そのような状況を生み出したのはほかならぬ主権国家自身の政策でもあったのです。グローバリゼーション時代の国家は、自国の巨大企業のグローバル競争を優位に進めるために、金融の自由化を推進し、法人税を引き下げ、国家間の市場取引の規制を緩和する政策を進めます。つまり、主権国家は自国のグローバル資本の国際競争力を強化したり、外国の資本を自国に呼び込むような政策をとることによって、グローバル市場の力が主権国家を超えて強大化する世界をみずから創造するのに貢献しているのです。

しかし、このようにしてグローバル市場の権力が強大化する世界は、ボーダレス社会が想定したような、地球が市場によって均質化され一元化された社会ではありませんでした。

むしろ主権国家を超えてあふれ出る課題をめぐって、国家のみならず国家を超える国際機関、経済団体、労働者組織、市民団体などが、たがいの利害関係を調整するためのトランスナショナルな紛争を激化させたのです。

たとえば、欧州連合という権力機関について考えてみましょう。ヨーロッパでは、一九九二年の欧州連合条約の調印によってEU（欧州連合）という主権国家を超えるトランスナショナルな主権が誕生しました。EUは、その後加盟国が増加して、現在二七カ国が加盟し、西欧を越えて東欧、さらにはトルコなどユーラシア大陸の東に向けて広がろうとしています。しかし、この広域の主権は、加盟各国がひとつの国家になるというヨーロッパ連邦国家のような単一の主権ではありませんし、かといってたんなる加盟諸国の国家連合の機関でもありません。欧州連合自身がきわめて複合的で、多元的な権力の絡み合いによって成り立っているのです。欧州連合は、主権国家を超えて諸種の権力機関がネットワークを組織してヨーロッパの国際地域を統治する超国家組織なのです。それは、加盟各国政府、欧州議会・欧州委員会・欧州裁判所・欧州中央銀行といったEUレベルの超国家機関、さらに加盟各国の地方政府、国際NGO、労働組合、ロビー団体、諸巨大企業、各種利益団体などの市民諸団体が参画して統治する「トランスナショナルな多元的ネットワーク・ガバナンス」（中村健吾）とも呼ぶべき機関なのです。

現在、EUはその外部からの大量の難民を抱え、加盟諸国家の財政危機に直面して、その存続が危ぶまれています。すでにイギリスはEUからの脱退を決めました。しかし、グローバリゼーションの時代はもはやウエストファーレン体制への逆戻りはできないところにきています。ポピュリズムの台頭は、グローバリゼーションが生み出した破局的危機に恐怖して思わず既存の主権国家にしがみつこうとする動きですが、すでに述べたように、国家はもはやグローバリゼーションの破局的暴力を制御する力を持ち合わせていません。国家はむしろ超国家機関をはじめとする複合的な権力組織との調整を任務とするようになります。

要するに、グローバリゼーションとともに、国民国家によって枠づけられ組織されていた市民社会が国家を超えてあふれ出るようになったのです。市場、貨幣、金融が国家を超え出るだけではありません。ひとびとが国家を超えて移民、難民、亡命、海外旅行、移住というかたちで世界各地に移動し分散し定住します。この動きとともに、多様な人種・民族・言語・文化が交流し、国家を超えたひとびとの共同的関係が広がっていきます。あるいは、グローバリゼーションが引き起こした地球的規模での課題に対して、非政府系の市民団体が国境を越えたネットワークを組織し、それらの課題に取り組むようになります。国際ＮＧＯやＮＰＯの団体が、地球の温暖化、地震・津波などの災害被害者に対する救援、生物多様性の保護、有害物質の国際的管理、核兵器の廃絶、あるいは亡命者・難民・政治犯に対する人権侵害の告発や救援運動といったかたちで、グローバルな課題に積極的に介入していきます。つまり、グローバリゼーションは、主権国家による国際秩序を超えた新しいトランスナショナルなひとびとの関係を生産するのです。

ウエストファーレン体制における国際秩序は、主権国家相互の関係によって調整され組織されました。したがって、そこでは、主権国家同士の外交、あるいは戦争というかたちを通して国際秩序がかたちづくられました。これに対して、グローバリゼーションの時代になると、主権国家はもはや国際政治の唯一の主体ではなくなります。国家以外の多元的な主体が国際政治に関与するようになるからです。こうして、主権国家の関係を超えて、多様な諸個人、諸集団がグローバルな課題について討議し関与するグローバル政治が生まれてきます。

そうすると、国内の政治とグローバル政治の区別が曖昧になってきます。国内の政治にグローバルな政治の課題が入り込んできて、そこに主権国家だけでなく、多様な個人や集団が国家を超えて関わってくるようになります。国内政治についてさえも、内政不干渉を根拠にして主権国家が外部の干渉をさえぎることができないようになってきます。二〇一一年の福島の原発事故は、放射能汚染をアジアの隣国や太平洋一帯にまで拡散しました。そうなると、この事故はもはや日本の国内問題とは言えなくなります。

このようにして、市民社会自身が、国家の枠を超えた次元でみずからのトランスナショナルな課題に取り組む政治の場がたちあらわれてきます。わたしはこのようなウエストファーレン体制を越えるグローバル政治の枠組みを〈グローバル市民社会〉と定義したいと思います。

『帝国』を著わしたアントニオ・ネグリとマイケル・ハートは、主権国家が社会の権力を独占して国家の内と外がはっきりと仕切られ、国際政治が主権国家間の外交と戦争によってとりしきられた体制を〈帝国主義〉と呼びます。ウエストファーレン体制とはこの帝国主義体制のことにほかなりません。これに対して、グローバリゼーションの時代になると、主権国家の仕切りが不明確になり、内と外とが流動化して、国民国家を超えた多元的な主権が出現するとして、この体制を帝国主義と区別して〈帝国〉と呼びました。ネグリ・ハートが帝国と呼ぶ体制は、わたしがグローバル市民社会と呼ぶものと変わりありません。

しかし、「帝国」と呼ぼうと、「グローバル市民社会」と呼ぼうと、その体制はグローバリゼーションをボーダレス社会として表象するものとはまったく正反対のものです。グローバル市民社会とは、国境が取り払われ、市場によって一元化される均質な世界的市場社会のことではありません。その逆に、グローバル市民社会とは、国家、国際機関、巨大企業、金融資本、市民団体のネットワークなどの多様な組織集団が複合的で多元的な権力を保持してたがいにせめぎあう紛争が渦巻く社会です。この紛争は国家を超えてあふれ出ているがゆえに、もはや国家によって制御することはできません。そこでは、たがいに利害が対立し、憎悪や嫌悪や不満や不信が蔓延する紛争が、つまり、主権国家間の外交あるいは戦争といった次元を超えた社会諸集団やひとびとの紛争の地平がたちあらわれてくるのです。この紛争が協議や討議を超えて、暴力的な対立に発展するリスクはつねにつきまとっています。そこでは、民間の暴力が発動されますし、それに対抗して国家の軍事力が行使されます。すでに九・一一事件についてそのことを見てきました。そのような世界では、国家間の戦争と異なって、国家の軍事行動における攻撃対象すら不明確になっていきます。わたしたちはそのような時代に生きているのです。

2　冷戦を崩壊させた力――国家を超えるグローバル社会闘争

社会が国家を超えてあふれ出る動きは、すでに冷戦時代に芽生えていました。一九九〇年代初頭に冷戦体制が崩壊した原因は、西側資本主義における情報技術の発展、自由な市場競争の進展にあり、この動きが東側に作用して、閉塞し低迷した官僚主義国家の社会主義体制を突き崩した、と説明されます。

しかし、そのようなグローバル市場の圧力とは異なる、グローバル市民社会の力が社会主義の崩壊に果たした役割を見逃してはなりません。分断された東西両体制の双方の内部から、みずからの体制を批判する市民社会の運動がしだいに高揚し、そしてその運動が体制の仕切りを越えて合流することによって冷戦体制を突き崩したのです。

冷戦の崩壊は、そのような〈グローバル市民革命〉の成果でもあったのです。イギリスの国際関係論の研究者であるメアリー・カルドーは、冷戦を崩壊させた主要な力が東西両体制の市民運動の連携にあった、と主張します。カルドーは、冷戦という体制が半世紀も続いたのは、東側の独裁的な官僚政治と西側の核保有政策がたがいに相手の体制を理由としてみずからの体制を正当化し続けたがゆえである、と言います。東の社会主義諸国は、西側の核攻撃の脅威があるという理由で、じぶんたちの独裁的官僚政治を正当化します。西の資本主義諸国は、東側の全体主義が西側に及ぼす脅威を理由にして東に対する核兵器の抑止力を正当化します。おたがいの脅威を根拠にして、自己の抑圧体制を正当化し、おたがいを隔てる「鉄のカーテン」（イギリス首相だったウィストン・チャーチルの言葉）を下ろし続けるこの状況を、カルドーは「想像上の戦争」（『グローバル市民社会論』）と呼んでいます。この想像上の戦争を終焉させたものこそ、東側の市民・労働者・知識人による人権と反独裁を掲げる社会運動であり、西側の労働者・市民による反核平和運動だったのです。

たしかに、冷戦体制下で主権国家相互のあいだにおいても国際平和や人権を尊重する努力が積み重ねられてきました。たとえば一九七五年八月に調印された全欧安全保障協力会議（ヘルシンキ会議）では、人権の尊重が宣言され、それがたんに国内の内政事項にとどまらずそれを超えた国際的な価値理念であることが確認されました。この宣言は、社会主義体制における人権弾圧に対する国際法上の重要な歯止めになったのです（それは「ヘルシンキ宣言」と呼ばれています）。

しかし、このような主権国家間の人権・平和に関する国際合意と連動するかたちで、東西両陣営での市民運動が一九七〇—八〇年代に高揚していきます。カルドーはこの動きを「下からのデタント（緊張緩和）」と呼びました。ポーランドでは、一九八〇年に独立自主管理労組「連帯」が結成され、政府に対して自由な組合活動や民主主義的権利を要求しました。一九七七年のチェコスロヴァキアの憲章七七は、ヘルシンキ合意の人権条項を遵守するよう求める宣言を採択し、政府にその遵守を強く迫りました。

要するに、冷戦体制下においてすでに主権国家を超えた東西の市民運動がはぐくまれ、それらの東西の市民運動が国家を超えてつながることによって、「鉄のカーテン」が引きずり下ろされたのです。

ですから、冷戦の終わりは、国家を超える新しい市民社会の創造でもあったわけです。

グローバリゼーションの時代は、ポランニーが指摘する経済的自由主義が全世界に浸透しひとびとを分断し敵対する暴力が国家を越えて吹き荒れる紛争と、国家を越えた次元で民主主義と市民権を求める紛争とが錯綜する、という新地平を切り開いたのです。

3　グローバル市民社会の〈人道的介入〉

冷戦崩壊後に、国家を超えるグローバル市民社会の価値規範が主権国家の制約を超えて着実にはぐくまれていきます。そして、それは市場のグローバリゼーションが発動する破局的暴力に対する抵抗のエネルギーとなっていきます。

人権および市民権の理念は、近代世界では国家を超える普遍性をもった理念であるかのように考えられていますが、現実には主権国家によって厳しく制約を受けていました。国家の保護下にない少数民族や流浪の民や難民は、生存および生活の権利を奪われた状態に置かれました。

それは、人権という理念が、ウエストファーレン体制において主権国家よりも下位にある規範とされたためです。個人の人権を保障するのは、その個人が帰属する国家であり、ひとりひとりの個人は、国家によって国民としての権利を保障されたにすぎなかったのです。

ところが、冷戦崩壊後のポスト・ウエストファーレン体制になると、人権は国家よりも上位に位置づけられるようになります。たとえば、欧州連合条約で定められた欧州連合市民権は、加盟する諸国の国民に対して、ＥＵ内部における居住権、移動の自由、地方参政権、商工業取引の自由を保障しています。加盟する諸国家は、この市民権を規制する権利をもちません。欧州連合というトランスナショナルな主権の誕生によって、国家よりも上位に立つ市民権がうち立てられたのです。この市民権がＥＵに加盟していないひとびとの市民権を排除するという限界があることもたしかですが、国家を超えるトランスナショナルな法によって根拠づけられた市民権が出現したことの意義は重要です。このような国家を超える市民権の出現を背景にして、国家主権と市民権のいずれが優先されるべきかという論争も生まれてきます。

一九七三年のチリの軍事クーデタでアジェンデ政権を転覆し、その後多くの市民を逮捕し虐殺したピノチェト将軍は、政権を退いた後の一九九八年に病気療養のためにイギリスに滞在したとき、スペイン政府の要請で逮捕されようとします。ピノチェトはチリの軍事政権下でチリ在住のスペイン市民を政治犯として拘束し殺害した罪が問われたためです。このとき、スペイン市民を殺害した人権侵害が優先されるべきか、それともチリの国家主権が優先されるべきかという議論が生じました。しかし、そのような議論が生ずること自体が、人権および市民権が国家主権を超える価値規範として位置づけられるようになってきたことを証していると言えます。

また、ユーゴスラヴィアのコソヴォ紛争に対するＮＡＴＯ（北大西洋条約機構）の軍事介入においても、同じような議論が生じました。ユーゴスラヴィアはセルビア人が多数民族ですが、コソヴォ自治州はアルバニア系住民が九〇％を占める地域です。この地域で一九九八年に住民がコソヴォ解放軍を組織して独立運動を始め、その地域のセルビア人を追放します。それに対して、ユーゴスラヴィアのミロシェヴィッチ大統領は、コソヴォ地方に軍隊を派遣して、アルバニア系住民を多数殺害するという民族浄化作戦をおこないました。このアルバニア系住民を救済するという名目で、一九九九年にNATOがユーゴスラヴィア政府軍に対する空爆をおこないました。このとき、この空爆を正当化する論拠として掲げられたのが、「人道的軍事介入」というスローガンでした。つまり、NATOはアルバニア系住民という自国の国民ではない市民の生命を保護するという口実で軍事介入をおこなったのです。これに対して、ミロシェヴィッチ大統領は、そのような軍事介入はユーゴスラヴィアの国家主権を侵す内政干渉だと非難して、国際司法裁判所に訴えたのです。

主権国家が他国の市民の生命を保護するために軍事介入するということは、国家を最高の主権とするウエストファーレン体制ではありえません。NATOの諸国は、この戦争は人権を救済する戦争であって、領土的野心にもとづくのではないから、「正しい戦争」だと主張しました。しかし、この軍事介入は、人権を理念に掲げる介入であっても、多くの人命を奪う軍事行動であることに変わりはありません。

ところが、一九九〇年代以降、主権国家ではなくグローバル市民社会のさまざまな担い手が、他国の民衆の人権、生存権、市民権を守るために非軍事的な介入を図る、というグローバル市民社会による〈人道的介入〉の運動が急速に発展していきます。グローバル市民社会における〈人道的介入〉の担い手としては、NGOなどの非政府系組織、国際的な社会運動やネットワーク、国際情勢の情報収集や分析をおこなうシンクタンクや国際委員会、テレビ、雑誌、新聞、ウェブサイトなどのメディアが挙げられます。一九九〇年代以降、これらの諸団体が急増して、さまざまな国際紛争に〈人道的介入〉をおこなうようになりました。あるいは、地震、洪水、飢饉、戦争といった危機に際して生み出される大量の難民や被害者に救援の手をさしのべます。

たとえば「国境なき医師団」は、一九七一年に結成されましたが、一九八〇年代から、国家による抑圧や人権侵害に対する積極的な〈人道的介入〉を進めています。この医師団は、政府による少数民族の虐殺や他国の災害を見過ごすのではなく、人道援助の手を積極的にさしのべる介入権を理念に掲げる活動を推進しています。この医師団は、イラクのクルド人の援助、ボスニア戦争、サラエヴォなどで、難民の救済やインフラの復旧にも積極的に関わりました。

これらのグローバル市民団体は、〈人道的介入〉を口実とした軍事攻撃には反対しながらも、国家の暴力により民衆が犠牲になっているとき国際法や国際的人権の理念に沿ったかたちで被害住民の保護と救済のために積極的に介入する必要を訴え、かつ行動します。民族浄化を強行する国家に対しては、これを戦争犯罪者として拘束し裁くという方針を立てます。この考えからすると、人権を保障しひとびとを救済する任務を担うのは、もはや主権国家だけではありません。むしろ、国家を超えた社会、つまりグローバル市民社会が、人権を保障するトランスナショナルな国際秩序を創造する任務を帯びるようになるのです。このようなグローバル市民社会による〈人道的介入〉の実践こそ、ポスト・ウエストファーレン体制における国際秩序が生み出した新しい地平と言えるのではないでしょうか。

4　ひきこもりの国民主義とグローバル市民社会の〈人道的介入〉

ところが、このように社会が国家を超え出てあふれ出る時代は、その逆のベクトルをも強化します。つまり、主権国家の力を再強化して、主権国家間の国際秩序を復活させようとする動きがそれです。この動きは、国家の上からと社会の下からの双方からかき立てられます。九・一一事件のとき米国でわき起こった行動がそれでした。米国民は中東諸国とイスラム教に対する憎悪の感情をかき立て、米国政府はこの感情をてこにしてアフガニスタン、イラクへの軍事攻撃に踏み切りました。この事件に対しては、事件を起こした当事者を国際司法裁判所で裁く、あるいはこの事件の背景にある富の不平等に対して富の国際的な再分配制度を提唱する、あるいは富裕層に対する課税を強化する、といった対策を講ずることもできたのです。しかし、米国政府がとったのは、アフガニスタンやイラクといった主権国家を事件の背後にある敵国と見なし、それらの主権国家に軍事攻撃をしかけたのです。

メアリー・カルドーは、米国政府のこの行動を、主権国家を超えて社会があふれ出る時代に、ふたたび国家の内外の仕切りを強化し、「外部の復活」を図ろうとするものだ、と批判します。国家間の仕切りが揺らぎ、市民社会の国家的制約をとりはらったグローバル市民社会が出現する時代に、主権国家の内部と外部の仕切りを再度復活させて、グローバル市民社会の紛争を国家間の戦争へと回収する動きが強化される。そして、この動きが米国の単独行動主義となってあらわれたのです。

このような主権国家の仕切りを取り戻そうとする動きは、米国だけではありません。西欧諸国においても、アフリカや中東諸国から西ヨーロッパ諸国への難民が増大するとともに、その難民の受け入れを拒み排除する排外主義的なナショナリズム、あるいはポピュリズムが高まり、極右政党が台頭します。

日本でも同様に、アジアの隣国に対して、下からの排外主義的なナショナリズムが高まり、「嫌韓」「嫌中」の社会感情、ヘイトクライムやヘイトスピーチが広がっています。

アジアの隣国との仕切りを強化し国内の在日アジア人を「在日特権」者とみなして攻撃するこのような排除の社会感情は、日本の歴史においてとりわけ深い根をもっています。それは、日本の主権国家が戦後一貫して押し隠してきた国家犯罪の否認がもたらした社会病理現象と言うことができます。注目すべきことは、この国家犯罪をめぐる日本の主権国家の歴史的責任の放棄と日本の市民社会の社会病理現象が、グローバル市民社会によってあぶり出されるようになってきたということです。

日本は近代史の過程で長期にわたってアジアに対する植民地支配および侵略戦争を推し進め、そのなかでアジアの民衆に対しておびただしい犯罪行為をくりかえしてきました。しかし、これらの犯罪行為は、戦後、日本の国家と社会によって放置され、さらには、事実上否認されてきました。日本の政府も、企業も、メディア・学校などの市民社会も、その犯罪行為に向き合うことを避けることによって、その犯罪行為をなかったかのように処理してきたのです。アジアの民衆に対する強制連行および強制労働、アジアの女性に対する性暴力の行使や性奴隷化（たとえば安世鴻の写真集を参照してください）、捕虜の虐待や虐殺、生体実験や毒ガスや細菌の使用、村民の虐殺、村の食料や家財や家畜の略奪といった犯罪行為について、その事実を究明し、被害者の氏名および遺骨の所在を調査し、加害者を特定し公表する、そして被害者や遺族に謝罪し、賠償する、という当然なすべき歴史的責任のほとんどが放置されてきました。それどころか、ポスト冷戦時代になると、全国の博物館や戦争資料館や追悼碑や説明板からそれらの犯罪に関する展示や文言を撤去あるいは削除し、その事実の否認をさらに強めようとする動きがますます高まってきました。

わたしが参加している市民団体（海南島近現代史研究会）は、二〇年近くにわたってアジア南方の海南島における日本の国家犯罪の実態を究明する活動に取り組んできました。日本が海南島を占領した時期（一九三九年二月―一九四五年八月）に、日本軍、日本企業、日本民衆はこの島でおびただしい住民虐殺、強制連行、強制労働、農産物・漁業・農林・鉱物などの資源の略奪、食料・家畜・家財道具の盗み、女性に対する性暴力および性奴隷化、住民に対する虐待と暴行、日本語教育の強要などをおこないました。わたしたちは、現地の海南島の各地で被害を受けた住民の方々から直接聞き取りをし、それを文書、写真、映像に記録してきました。日本軍は島の各地の村を急襲し、無抵抗な乳幼児・子供・女性・高齢者を無差別に銃で撃ち殺し、銃剣で刺し殺し、家に押し込めて火を放って焼き殺しました。村の一〇代の少女を暴行して司令部に監禁したり、台湾、朝鮮から女性を軍隊性奴隷として連行し、慰安所に閉じ込め、村を襲撃して食料や家畜や家財道具を略奪し、現地の民衆や中国大陸各地・台湾・朝鮮から連行した民衆を日本軍の施設（軍用トンネル、兵舎、司令部、軍用道路、特攻艇トンネルなど）の建設や鉱山採掘の労働に駆り出し、過酷な労働を無償で強い、民衆を虐待し、虐殺しました。

ところが、これらのおびただしい犯罪行為の実態は、戦後日本の社会ではまったく伝えられておらず、その事実がなかったことにされています。

犯罪行為の責任を負うべき日本政府は、その事実の認定すら拒んでいます。海南島で家族を虐殺された村民たちは、みずから犠牲者の名簿を作成して日本政府に提出し、謝罪・賠償・加害兵士の氏名の公表・犠牲者の追悼を求めました。しかし、日本政府は「事実関係がわからない」と、その抗議の声を切り捨てたのです（わたしたちの市民団体による海南島での聞き取りの活動は、紀州鉱山の真実をあきらかにする会が製作した写真集『日本の海南島侵略と抗日反日闘争』（二〇〇七年）、映像ドキュメンタリー『日本が占領した海南島で』（二〇〇四年）、海南島近現代史研究会が制作した映像ドキュメンタリー『海南島月塘村虐殺』（二〇〇八年）および『朝鮮報国隊』（二〇〇八年）、『海南島近現代史研究会会誌』創刊号（二〇〇八年）、二・三号（二〇一一年）、四・五号（二〇一六年）などに記録されています）。

しかし、グローバリゼーションが進展する一九九〇年代以降、このような日本による国家犯罪に対する歴史的な責任放棄が、直接被害を受けたアジアの民衆自身によって、さらにはグローバル市民社会によって、厳しく告発されるようになります。

たとえば、国連人権委員会の小委員会は、一九九三年五月に日本政府に対して「元慰安婦」の被害女性に対する個人補償を実施するように、との通達を出しました。

同年八月には国連人権委員会において、ラディカ・クマラスワミが「人権と基本的自由の重大な侵害を受けた被害者の原状回復、賠償及び公正を求める権利についての研究」という日本軍の性奴隷制度問題に関する報告書を提出しました。

同じ一九九三年にウィーンにおける国連世界人権会議では、日本の戦時下性暴力についての公聴会が開催されました。

また、一九九四年には、国際女性差別撤廃委員会が日本政府に対して「慰安婦」問題に対してしっかりと対応するように、との要求をおこないました。また同年に、国際法律家協会が「慰安婦」問題について日本政府に法的な責任があることを指摘します。

そして一九九五年には、世界女性会議が日本の「慰安婦」問題を討議し、犯罪者の処罰と被害者への補償を求める行動綱領を採択します。

ごく最近では、今年（二〇一七年）になって、国連人権理事会が、中国、韓国などの要請を受けて、性奴隷にされた元日本軍「慰安婦」の女性に対して、日本が謝罪し、被害者女性に補償するように、との勧告をおこないました。

これらの一連の国際委員会や国際会議における通達、要求、行動綱領採択は、主権国家を超えるグローバル市民社会が日本のかつての人権侵害行為に対して主権国家を超える価値規範から〈人道的介入〉を図った動きだということができます。ウエストファーレン体制下であれば、このような〈人道的介入〉は、主権国家に対する内政干渉として退けられたはずのものです。

これに対して、日本の政府および市民社会は、みずからが過去に犯した重大な国家犯罪の究明・謝罪・賠償の取り組みを進めようとするどころか、国家犯罪そのものを否認し、さらにこの問題を日本の国内問題、あるいは外交問題として処理しようとしたのです。強制連行や性奴隷の被害者が日本国家の犯罪行為を日本の法廷に訴えても、日本の司法は、日韓条約、あるいは日中国交回復によって被害者個人の請求権は失われたとしてこの訴えを退けました。同じく、日本国内の右派メディアも、この人道的介入を「日本民族をおとしめるための国際的陰謀」であり、「反日キャンペーン」だ、として反論します。こうして、このグローバル市民社会の〈人道的介入〉を内政干渉として退けることができなくなった日本政府は、「慰安婦」制度について強制の事実に関する証拠はない、という詐術を労してこの〈人道的介入〉を拒み続けます。

このように、国家犯罪の事実を否認して人権問題を国家間の次元に枠づけて処理しようとする日本の政府と市民社会の動きは、国家を超えてあふれ出る社会をふたたび国家の枠内に封じ込め、ウエストファーレン体制の内部に押し戻そうする「外部の復活」（メアリー・カルドー）の動きだと言うことができます。

メアリー・カルドーは、主権国家のたこつぼに引きこもるこの動きを、グローバル市民社会において多元化し錯綜する複数のベクトルのひとつに位置づけ、それを「ポストモダンの市民社会」と呼んでいます。グローバリゼーションが主権国家の枠組みを揺り動かすことによって伝統的な集団的アイデンティティが流動化するなかで、かつての伝統的な集団的理念を復権させつつそのアイデンティティを再編し強化しようとする動き、これがグローバル市民社会を組織する一つのベクトルとなってたちあらわれているのです。アジアの植民地支配、侵略戦争、そして国内におけるアジア民衆の虐殺

(一九二三年の関東大震災における朝鮮人・中国人の虐殺など) に対して向き合ってこなかった日本の市民社会が、国家を超えてあふれ出る社会を主権国家のうちに回収しようとして、その動きがひきこもりの国民主義、排外主義的ナショナリズム、あるいは人種主義となって発現しているのです。しかし、グローバル市民社会のこのベクトルには、未来を切り開く展望はありません。それは、主権国家の戦争という破局的暴力を誘発し、最悪の場合人類を死滅に導く危険性 (核戦争) をはらむものであることを肝に銘じなければなりません。

要するに、グローバル市民社会とは、地球的規模での均質な社会ではなく、たがいに対立し錯綜する諸集団や諸組織や諸個人が国家を超えた地平で社会をどう組織するかをめぐってせめぎあう社会闘争の戦場なのです。グローバル市民社会とは、過去の国家犯罪や植民地支配を告発したり難民や被災者を国境を越えて救援する〈人道的介入〉のベクトル (グローバル公共圏の市民社会) と、そのような告発や救援を拒絶して国家のうちに引きこもるポピュリズムのベクトル (ポストモダンの市民社会) と、私的利益をかぎりなく追求する市場・貨幣・金融のグローバリゼーションのベクトル (新自由主義の市民社会) といった、たがいに敵対し対立する市民社会像が錯綜しせめぎあう地球的規模の紛争がくりひろげられる社会空間であり、そのような社会空間が国家を超えた地平にたちあらわれてくるのです。わたしたちは、そのような国家を超えたグローバルな社会空間のなかに生きている存在である以上、そこでの自分の立ち位置や生きる道の選択を迫られることになります。わたしたちは、家族、地域、国家の一員として自己を位置づけるだけでは済まなくなった時代を生きているのです。

二　連帯を原理とする経済をどう築くか――社会的連帯経済

1　連帯にもとづいて暮らしを組織する

国家を超えてあふれ出る社会を生み出した原動力は、市場のグローバリゼーションですが、この市場のグローバリゼーションの動きは、一九九〇年代の冷戦とともに始まったのではなく、近代の五〇〇年にわたる歴史に根ざしていることを確認しました。そしてこの近代五〇〇年の歴史は、それに先立つ労働と所有の本源的な統一にもとづく長い人類史を転換し、労働と所有の分離にもとづく均質化された社会を拡大深化する過程であったことを学びました。

ひととひととのあらゆる社会関係を市場取引の売買関係に還元し、社会のあらゆる領域をこの売買関係によって処理しようとする今日の経済は、労働と所有の分離を拡大深化することによって、社会と自然を破局に追いやる暴力をその内部から発動させている、わたしたちはこのことをグローバリゼーションの進展の過程から学んだのです。

この破局的暴力を回避するためにわたしたちに求められているのは、市場取引を媒介することなしに、相互扶助と連帯の関係を築きながらみずからの暮らしを多様なかたちで組織する経済の仕組みを創り出す、ということです。

近代の歴史は、その反対のベクトルをとってかたちづくられてきました。つまり、ひとびとの暮らしを支える連帯と相互扶助の関係をたえまなく解体し、ひとびとを孤立した個人に分断した上で、それらの個人を市場の競争関係へと駆りたててきたのです。分断された諸個人は、生存のために唯一の私有財産である自己の肉体的・精神的・感情的能力を労働市場で他人に売り渡し、その対価を賃金として受け取り、生計を立てます。自己の能力以外に土地や株式などの資産をもつひとは、その資産を市場につぎこんでその価値をさらに増やそうとする競争に邁進します。このような市場取引の諸関係が、あらゆる規制を取り払って地球的な規模で押し広げられていったのが市場のグローバリゼーションの過程でした。

市場社会においては、収益性と効用を最優先して競い合う市場取引を通して、たがいに分断された諸個人が社会的につながります。それは、均質化された商品をきずなとする結びつきであり、そこには、きわめて一元化された世界がたちあらわれてきます。そして、商品をきずなとしてたがいに結びつく世界は、その商品のきずながひとたび切断されたとき、そのリスクが津波のようにして世界中のひとびとに波及することになります。投機を目的とした金融取引によって結ばれた世界が、金融危機によって金融とは無縁なひとびとの暮らしまでも破壊したのは、その典型的な事例です。グローバリゼーションの世界とは、よく言われるように、富のトリクルダウン（豊かなひとの富のおこぼれを貧しいひとが受け取るという）の世界であるどころか、リスクが何倍にもふくれあがってひとびとを襲うリスクの乗数効果の世界なのです。

さらに、収益性と効率を原理とする経済は、市場取引の有害な結果がひとびとにもたらす恐るべきリスクに対してだれも責任を負わない社会をつくります。核分裂によって電力を生産する原子力発電は、安価なコストで電力を提供し企業のエネルギー・コストを節減すると言われていますが、ひとたび炉心溶融事故が発生して放射能が拡散し、ひとびとの暮らしや自然の生態系が破壊され修復不可能になっても、電力企業も、政府も、その汚染された自然を回復することも、地域の暮らしを元の状態に戻すこともできないし、その責任を担おうともしません。

つまり、市場経済における私的個人の自由と平等の権利は、わたしたちの生命と生存を再生産するために必要な集団的な自由と権利をかぎりなく脅かすのです。わたしたちはそのことにしだいに気づくようになってきました。グローバリゼーションの時代とは、地球上のすべてのひとびとがそのような市場経済の内包する破局的暴力のリスクにさらされて生きることを強いられる時代なのです。

このようなグローバル・リスクを生み出す世界から抜け出すためには、経済と社会を市場取引の関係に還元するのではなく、経済と社会を連帯と相互扶助にもとづいて再組織しなければなりません。

市場取引はあらゆるものを私有財産にし、その私有財産を市場でたがいに交換するという私的原理にもとづくシステムです。これに対して、連帯にもとづく経済の組織化は、経済のなかに社会の原理をうちたてることを意味します。ひとびとは市場の外でたがいに社会的な関係を結び、経済を組織します。近代以前の社会は、そのような活動が主要な経済活動でした。農村共同体、職人組合、商人組合のような伝統的組織においては、経済が社会の原理によって組織されていました。伝統的経済においては、家族集団、民族集団を基盤にして、共同の居住空間のなかに農工業、商業が埋め込まれていました。そのようにして、暮らしの自律が維持されていたのです。

近代になると、市場取引が経済を組織する基本原理になりますが、この近代においても、労働者協同組合、消費者協同組合、保険組合、共済組合といったかたちで社会を原理とする経済の仕組みは存続してきました。

しかし、市場のグローバリゼーションが進展するなかで、破局的暴力を被ったひとびとがみずからの暮らしを防衛し再建するために、伝統的な協同組合運動に加えて、相互扶助と連帯を原理とする新しい多様な運動を世界各地で進めるようになっています。それらの運動は〈社会的連帯経済〉と呼ばれています。この経済がめざすのは、私的諸個人による市場取引の自由ではなく、市場の外でひとびとがたがいの多様な結びつきを創造する自由であり、市場の外でみずからの暮らしを他者とともに創造する自由です。そこでは、市場経済とはまったく異なる自由が、つまりひとびとがたがいに関係を結び合う自由と、関係の創造を通して自分たちの暮らしを自律して運営する自由が追求されているのです。

市場取引という物象的関係を通して地球的な規模で広がり尽くした経済を、地域レベルで連帯を原理にして再組織する、市場が提供する均質化されたニーズではなく、地域ごとの暮らしに応じた社会的有用性を市場に代わって提供する経済の仕組みを創造する、これが社会的連帯経済のめざす道です。

社会的連帯経済は雇用の創造にとっても、重要な役割を果たしつつあります。というのも、企業の私益を最優先する市場経済が、しだいに雇用を生み出さなくなりつつあるからです。人工知能などの技術革新を推進することによって、企業の投資活動は雇用を大幅に削減し、そのため、かつてのように投資の増大が新しい雇用を生み出さなくなっています。社会的連帯経済は、地域の社会的有用性の充足と並んで、地域のひとびとの雇用を創出し、自律した地域の暮らしを強化することを目的にするのです。

また、社会的連帯経済は、生計の糧を得るための活動であると同時に、市場社会においてたがいに分断された諸個人を結び付け、それらの諸個人の社会的アイデンティティを創造する場ともなります。

したがって、連帯にもとづく経済は、そのなかに経済と政治をともにふくみこんだ活動になります。市場にもとづく経済においては、私的利益の追求が活動の目的ですから、市場の関係は私的な関係に限定され、公共の関係は市場の外部にある国家によって担われます。これに対して、連帯経済が発展するためには、政治を国家に任せるのではなく、地域の公共空間を育て、連帯経済の組織化と地域公共空間の組織化とを連動させせなければなりません。社会的連帯経済は、市場と国家に代わるそのような新しい経済と政治の連携関係を育てていきます。

連帯経済のイメージを、アルバート・O・ハーシュマンはつぎのように説明しています。ひとは暮らしを向上させたい、という欲求をもって生きている。そしてその欲求を満たすために、アダム・スミスは「せっせとはたらいて貯金する」という方法を提案した。しかし、それは、市場取引という私的利益の追求によって暮らしを向上させようとする場合の方法です。私的に稼いだお金を使ってしまわずに、将来の不安に備えて蓄える、というのです。

　これに対して、暮らしをよくするためにひとりひとりがそれぞれ貯蓄するのではなく、ひとびとが集団で事を起こすという方法がある、とハーシュマンは言います。ラテン・アメリカのひとびとは、国家の債務危機の煽りを受けて失業し貧困に陥ったとき、協同組合をつくり、地域通貨を発行して自分の手作りの物を持ち寄り、それらをたがいに交換し、相互扶助の組織をたちあげて対応したのです。それこそ、市場経済とは異なる社会的連帯経済による暮らしの再建方法なのです。

　さらに、社会連帯経済では、負債の社会的な意味も転換します。グローバル市場経済では、ひとびとがさまざまな負債に縛り付けられ、金融資本に隷従する経済が支配します。これはひとびとが負債によって消費購買力を創出し、その創出によって資本の価値増殖運動が確保されるためなのですが、ひとびとがそのようなかたちで自己の私的債務を累積すればするほど、ひとびとは資本という他者に強固に縛り付けられ、死ぬまでその負債を返済し続けることを強いられる債務奴隷になるのです。わたしたちは、生きることが債務を返済し続けることとほとんど同義になるような暮らしを強いられているのです。

　これに対して、社会的連帯経済においては、負債は社会的負債であり、先人の社会的遺産を受け継ぎ、それを未来の子孫に残していくという世代間の義務、世代間の連帯という意味を帯びるようになります。集団で事を起こすという経済の仕組みが、負債の意味をこのように転換するのです。

2 〈市場のための貨幣と経済〉から〈暮らしのための貨幣と経済〉へ

貨幣と金融のグローバリゼーションは、第一章で見たように、世界に破局的な暴力を行使しました。このような貨幣の暴力を制御するためには、貨幣を、資産運用のための金融市場に委ねるのではなく、わたしたちの暮らしを自律させるための媒体として役立たせなければなりません。そのような貨幣の活用のしかたが世界の各地で広がっています。

(1) 地域通貨

地域通貨は、特定の地域やコミュニティにおいてのみ通用する貨幣で、その地域やコミュニティに暮らす住民が子育て、福祉、教育、日常生活のサービス活動をたがいに提供しあうための媒体として機能する貨幣です。高齢者の介護、庭掃除、買い物、ベビーシッターといった日常のサービスを、時間紙券の発行によって相互に提供し合うシステムがこれです。このシステムでは、貨幣は投機目的の金融取引のように、もはや自己増殖することはありません。大切なのは、地域に住むひとびとがみずからの暮らしを向上させ自立して営むことができるようにすることであり、貨幣をそのための媒介として役立たせることです。そこでは、貨幣自身が自己運動することによってその価値を増殖することが禁じられています。

(2)　マイクロファイナンス

投機目的の金融取引は、富裕層の私有財産をさらに殖やそうとすることが目的です。これに対して、私有財産をもたない貧困者がみずからの力で事業を興し生計を立てるために必要な資金を貸し出すということを目的とするのがマイクロファイナンスです。バングラデシュでモハメド・ユヌスが設立したグラミン銀行は、その代表的な事例です。このローンは資金借り入れの担保をもたない貧者に無担保で貸し出されます。それは、消費者ローンのように、物を購買するために貸し付けられるローンとちがい、貧者が他人に雇われることなく、自力で生計を立てるために必要な資金を無担保で貸し付ける仕組みです。資金を借り入れた人は、その資金を栄養食品、電気製品、ニット製品の製造、健康保険サービスや通信サービスの提供、といった公共の利益になるビジネスに投資します。このようなビジネスは、地域全体の公共の福祉の向上に寄与し、貧しいひとびとの生活を保障することによって地域の自律能力を高めます。

日本でも、生活協同組合やＮＰＯバンクが事業主体になって、マイクロファイナンスに取り組んでいます。現在、アジア・太平洋地域、アフリカ、ラテン・アメリカなどを中心に世界で一万のファイナンス機関が活動していると言われています。

(3)　フェアトレード――パプア・ニューギニア海産

先進諸国の多国籍企業が南の途上国に進出して低賃金で労働者を酷使する投資活動が盛んになると

ともに、途上国の伝統的な工芸品や農産物をその生産者たちが生活を維持しうるような公正な価格で買い取る取引が組織されるようになります。これがフェアトレードです。この言葉は、グローバルな市場取引がいかにフェアな取引ではないか、ということを証しています。グローバルな市場取引は、多国籍企業のような巨大資本が南の生産者と北の消費者を支配し、巨大資本の利益を極大化するようにして生産者と消費者をコントロールします。バナナを栽培する農民を農薬まみれで働かせ、エビを養殖する漁民をできるだけ安く買いたたき、先進諸国の消費者に農薬や保存薬の染みこんだ食品を売ります。

これに対して、フェアトレードは、南の生産者と北のコミュニティとが連帯を原理として相互につながります。したがって、そこでは、市場の経済効率を最優先するのではなく、環境の保護、人権の尊重を重視し、有機栽培、労働条件や生活条件の改善といったことを考慮しながら生産者の団体と消費者のコミュニティが関係を結びます。フェアトレードは、一九五〇年代末に、イギリスのオックスファムというNGO組織が、中国の農民が制作する手工芸品をイギリスの消費者に提供する運動から始まり、それ以降長い歴史を経て育てられてきました。

わたしは大阪の茨木市でパプア・ニューギニアからエビを購入している会社の工場見学をし、工場長の武藤北斗さんから話を聴きました。この会社はパプア・ニューギニアで養殖エビではなく、天然エビを海洋で捕獲し、捕獲したエビを船の冷凍庫で冷凍保存したまま日本に運び、そのエビを加工して消費者に販売している会社です。養殖エビよりは値段は高くなりますが、養殖エビのように化学物質や抗生物質で薬漬けされておらず、鮮度も高い、ぷりぷりのエビを消費者に提供することができます。そしてパプア・ニューギニアの漁民には適正な価格で賃金を支払います。

さらに、この会社がエビの加工でパート労働者に実施しているユニークな働き方が、「フリー・スケジュール制」です。パート労働者は、事前の届け出なしに好きな時間帯に出勤し好きな時間に退社することができるのです。パート労働者は子育てをしながら働く若い女性が多く、幼稚園の送り迎えや家事の都合に合わせて働ける態勢を用意する、というのがこの制度の趣旨です。

この会社の考え方が、ここに端的に表れています。エビの漁師も、パートの労働者も、消費者も、大切なのは自分たちの暮らしです。自分たちの暮らしが安定し自律できるようなかたちで、生産者、労働者、消費者がたがいに目に見える関係をつくってつながるという視点がこの経営方針に端的にあらわれているのです。

市場のグローバリゼーションは、これまで見てきたように、それとは正反対のことを、つまり生産者、労働者、消費者をたがいに分断し競争させ、市場の効率を最大化させ、企業の私的利益を極大化するようにして推進されてきました。パプア・ニューギニア海産の会社の経営方針は、市場のグローバリゼーションと連帯を原理とする経済のあり方のちがいを浮き彫りにしてくれます。

市場を原理とする経済の仕組みは、自己の労働能力を商品として売らないと生活できない労働者を悲惨な状態に陥れています。日々の暮らしが立ちゆかない低賃金、暮らしを犠牲にした長時間労働、いつ解雇されるかわからない不安定な雇用、職場のパワハラやいじめや虐待。このような市場に従属した働き方を、労働者自身が連帯することによって改善し、さらには経済の仕組みまでも連帯を原理とするものへと転換してきた労働運動を紹介しましょう。関西生コンクリートの労働組合運動がそれです。

3 〈連帯する労働者〉による〈連帯にもとづく経済〉の構築
――関西生コンの労働運動と協同組合運動

日本の労働組合が企業単位で組織されていることはよく知られています。なぜ日本の労働組合は企業別に組織されたのでしょうか。労働組合は、労働者が経営者に対抗してたがいに連帯し団結するための組織です。ところが、企業別労働組合は、企業に忠誠を尽くす労働者を育て、労働者を企業と一体化させ、労働者の労働意欲を企業の生産活動に動員するための装置としてつくられたのです。企業別に組織された労働者は、自社の経営実績を上げるために他企業との競争にかりたてられ、自分の暮らしを犠牲にして企業に忠誠を尽くすことが求められます。

関西生コンの労働者は、一九六五年に全国自動車運輸労働組合の支部を結成しました。この支部は個別企業の組合ではなく、関西生コン産業下の中小企業にまたがる労働組合で、各中小企業の労働者が個人単位でこの組合に加入しました。つまり、複数の中小企業にまたがる労働者が統一司令部をもった労働組合を結成し、中小企業の経営者と団体交渉をおこなったのです。そのため、企業単位の労働者間の競争が排除され、業種単位で賃金条件、雇用条件を統一する協定が結ばれました。また企業が労働者のために支給する福利厚生費を労働組合が管理して、労働者の権利の向上のための教育活動、福祉活動に組合主導で取り組みました。

関西地区生コン支部がこのような業種別の労働組合を組織したのは、生コン産業が中小企業によって編成されているという特殊な事情が背景にありました。中小企業で労働組合が企業別に組織されると、労働組合が努力して賃金や労働条件を改善したとしても、その企業は中小企業間の市場競争において負けてしまい、結局のところ、労働条件の悪い中小企業が生き残ります。ですから、労働者は、企業別組合によっては賃金や労働条件を改善することができません。関西地区生コン支部は、中小企業群という生コン産業のこの悪条件を逆手にとって、業種別労働組合を創出するチャンスととらえ、連帯労組を結成したのです。

連帯にもとづく労働組合を立ち上げた関西地区生コンは、さらに中小企業経営者と共同して、一九七五年に生コン政策懇談会を結成し、一九七六年に大阪兵庫生コンクリート協同組合を立ち上げ、一九九四年には大阪広域生コンクリート協同組合を結成します。そしてこの協同組合が、生コンの共同販売、事業資金の貸し付け・借り入れ、福利厚生、情報提供などの活動に取り組みます。生コン産業はセメント産業から原料となるセメントを仕入れて、生産した生コンクリートを建設産業に販売します。ところが、セメント産業も、建設産業も、大企業が支配する独占資本の産業です。このはざまにあって、生コン産業の中小企業は連携して協同組合を組織し、大手企業からのセメントの購入、およびゼネコン大手企業への生コンの販売の価格交渉を担うことにより、生コンの個々の中小企業がセメントやゼネコンの独占企業に買いたたかれ売りたたかれるのを防衛したのです。

労働組合と協同組合との連帯にもとづく活動はさらに発展します。両者は二〇〇四年に中小企業組合総合研究所を設立して、生コン業界の調査、課題研究、学習、研究、技術開発、教育といった活動に取り組みます。大阪市や大学研究者と連携して産官学の研究発表会を開催したり、災害対策・防災活動の取り組みもおこないます。さらには、二〇一六年には「大阪労働学校・アソシエ」という教育機関を立ち上げ、労働組合運動、協同組合運動の担い手を育て、社会的連帯経済の発展に向けた教育・研究のプロジェクトにも取り組みます。

関西生コンの労働運動は、労働者の連帯にもとづく労働組合の組織化から出発し、個別企業を超えた生コン産業全体の労働者の利益を守る運動を創造すると同時に、生コン産業の活動全体を市場競争の原理に委ねるのではなく、連帯と協同によって組織する道を開いたのです。そして、この活動の成果を踏まえて、生コンの労働組合と協同組合は、社会的連帯経済を理念に掲げる国際フォーラム「グローバル社会的経済協議会設立総会」（二〇一四年）に参加します。関西生コンの運動は、生コン産業を超えて、日本の産業組織を市場ではなく連帯を原理にして組織する全国的ネットワーク作り、さらにはグローバル・ネットワーク作りへの展望を開きつつあります。

4　連帯にもとづいて市民社会と国家を再構築する

経済を連帯の原理によって築き上げるためには、国家と市民社会を連帯の原理によって再編しなければなりません。新自由主義的グローバリゼーションの時代には、それとは正反対のことが、つまり国家と市民社会がともに市場経済の私的原理を規範にしてかたちづくられてきました。

かつて近代資本主義が誕生した頃の国家は、絶対的な主権をもち、国家理性にしたがって市場を監視し規制しコントロールする装置でした。ところが、新自由主義的グローバリゼーションの時代になると、国家はむしろ市場を規範にしてみずからをかたちづくるようになります。国家は市場の自由な取引ができるだけ効率的に機能するような政策をとり、また市場取引に適合した法律を制定します。すでに見たように、米国では、政府と巨大企業が結託して、流通産業や食品産業の大手企業のために需要を創造するフード・スタンプ制を実施したり、教育の民営化を促進し（落ちこぼれゼロ法）、労働組合の交渉能力を弱体化させるための法律（労働権法）を制定しました。日本でも、企業が労働者を自由に解雇して労働力を必要に応じて調整できるようにする労働者派遣法が制定されました。国家は、国家理性よりも市場の経済的理性にしたがった機関へと変質を遂げたのです。

国家は市場競争の自由を最大限発揮するように経済制度や法を整備し、ひとびとが市場取引を通して最大限の利益を引き出すことができるように社会に介入し、ひとびとの関係を調整します。そして、経済成長を最大限追求することを国家の使命とします。社会の公正、人権、生存権といった社会規範よりも市場の効率の極大化を国家の最優先課題とするのです。そして国民も経済成長という政策課題を最重視して代議士を選ぶようになります。

同じようにして、市民社会も市場経済を規範として、その規範に沿ったひとびとのものの考え方、価値観、学術研究、技術開発、地域や都市の仕組みを組織します。私的所有権を絶対視し、市場取引の自由と平等を最大限尊重するような考え方が市民社会に浸透していきます。他方で、貧困や格差は政府や市民社会が対処すべきことであるよりも、むしろ自己責任として処理されます。学校では、生徒や学生がたがいの関係を育てることよりも、たがいの競争を通してひとりひとりの能力をいかに伸ばすかが教育の主要課題として掲げられます。生徒や学生の前向きの学習能力を育てるアクティブ・ラーニングや、課題をみずから引き出し、前に一歩踏み出すキャリア教育が推奨され、分断された個人がたがいに競争しあう能力を育てることが教育の主眼とされるのです。技術開発でめざされるのは、労働を節約し、労働生産性を高め、企業の収益を最大限にするような技術です。

このような市場の私的原理を規範とする国家と市民社会の組織化を、連帯と相互扶助を規範にして再編していかなければなりません。しかし、この再編はきわめて広範な社会の領域における巨大な転換を必要とします。法と行政のありかた、地域や都市の空間の組織化、技術革新の方向性、自然との関係、教育のありかた、ひとびとのものの考え方や価値観、これらがたがいに共振しあい連携することによって、はじめてこの転換は可能になります。

市民社会を市場という唯一の経済原理によって組織するのではなく、多元的な経済原理によって組織していかなければなりません。市場の外で、ひとびとが多様なかたちでつながる共同の場を無数に育てていかなければなりません。コミュニティ、サロン、クラブなどの多様な近隣の公共圏を育てていかなければならないのです。

国家は、市場競争を円滑に推進するという役割、あるいは市場競争の敗者を個別に救済するという役割に代わって、市場の外部のさまざまな連帯のプロジェクトを推進し、連帯を通して諸個人が自己の社会的なアイデンティティを築くことのできるような社会介入をしなければなりません。ジャン＝ルイ・ラヴィルはこのように社会の連帯を推進することを任務とする国家を「ファシリテーター国家」と呼んでいます。

個人主義の考え方も転換されなければなりません。ひとびとをばらばらの個人に分断し敵対させ、市場の競争を通して結びつける〈私的個人主義〉から抜け出して、暮らしの現場で相互扶助と連帯の原理によってひとびとが結びつき、そのような社会的関係のなかでひとりひとりの多様性と個体性が開花するような〈社会的個人主義〉（これはアナキスト大杉榮の言葉です。大杉榮／伊藤野枝および飛矢崎雅也を参照してください）を育てていかなければなりません。

国家には、このような多元化された市民社会の自立性を育てるような関わりが求められています。国家に求められているのは、分断され無力化された個人を保護することではなく、市民社会におけるひとびとのつながりを促し、ひとびとの連帯を育てるという任務なのです。

むすび――わたしたちの歴史的選択

今日わたしたちの暮らしに襲いかかる破局的な暴力は、わたしたちの暮らしの内部からわき起こってくるものであり、その破局的暴力から脱するためにはわたしたちの暮らしのありかたを変えていかなければならない、ということをお話ししてきました。わたしたちの暮らしは、物やサービスに満ちあふれ、華々しいイメージが振りまかれていますが、その逆にひとびとの連帯や協同の関係はますます貧しくなっています。市場の外の人間関係がどんどんやせ細り、地域でも、会社でも、学校でも、殺伐とした、荒涼とした光景に満ちあふれています。たがいに分断され、孤立させられた個人が市場で競い合うためにひたすら自己の個人的能力を磨く努力を強いられ、その努力を放棄するひとを自己責任として突き放す、そのような市場競争を原理として社会を組織する時代が、グローバリゼーションと呼ばれている時代なのです。

しかし、そのような社会の組織化こそ、第一部で見たような社会と自然の恐るべき破局をもたらした張本人なのです。わたしたちはひたすら自己啓発と能力主義的競争に向けてせき立てられ、身近な他者も、遠くの他者も憎悪と嫌悪の対象とみなすようにあおり立てられます。市場に依存しないと暮らしが成り立たない状況がますます深まり、わたしたちの暮らしの自律能力が衰えていきます。

この破局から脱出する道は、わたしたちの暮らしを転換することです。わたしたちが選ぶべき道は、国家を超えてあふれ出る社会を、市場にも、国家にも任せることなく、わたしたちの日々の暮らしに連帯と協働をとりもどすことによって組織しなければなりません。この道は、じつはきわめて多様なかたちで開かれているのです。これまでの先人の努力の成果から学びながら、なかまとつながりつつ、みなさん自身がみずからの想像力でその道を開かれることを期待しています。

質疑応答

変わる国家の役割

質問　ご講演ありがとうございました。現代では市民の方が強くなっている、国家が弱体化しているというお話だったと思うんですけれども、われわれは一応国家に社会保障などを委ねておりますよね。これから市民社会がより強くなって国家が弱くなるとすれば、この社会保障なども受けられなくなってくるかもしれない。市民社会が強くなることは望ましいことですが、では国家というものは、これからはどういう形で存在すべきなのか、どのようにして国民に富をもたらすことができるのでしょうか。

斉藤　非常によい質問ですね。市民社会が強くなり、国家が弱くなるというようにわたしの話を受け止められたようですが、それは市場の力が強くなったことと関係しています。国家も、市民社会も、市場の動きに強く影響され左右されるようになっている、と言ったほうがよいかもしれません。第二次世界大戦後のいわゆる先進諸国の国家は、すでに市場経済と密接に結びついています。冷戦時代の資本主義国家は、富裕層に高い所得税を課して所得を再分配したり、年金や医療扶助の福祉政策に取り組んでいましたが、それは市場経済が国民国家単位で組織されており、国内の労働者の生活の管理、国内の消費需要の創出、国内の投資政策が国家の主要な経済政策の課題となっていたためです。

ところが、グローバリゼーションの時代になると、企業の経済活動の中心は、国外の低賃金労働者を雇うこと、海外に販路を求めること、国外で投資活動をすることへと重心を移していきます。そのため、国家の経済政策の課題もグローバル企業の国際競争力をいかに強めるか、という方向に移動します。ですから、企業の投資を進めるために法人税を引き下げるとか、海外で通用するグローバル人材を育てる教育を重視するとか、自由貿易を推進するといった政策に焦点が移動して、国民の福祉の充実といった課題はないがしろにされていきます。国家が国民を見捨ててグローバル企業にすり寄るような政策が打ち出されているのです。

ですから、わたしたちが、もし国家に国民の生活を豊かにするような政策を求めるのであれば、国家と市民社会が市場によって支配されているような現在のありかたを変えていく必要があります。そのためには、国家だけでなく、市民社会自身が企業の市場取引を放任するのでなく、市場取引を市民生活の充実という視点から規制していかなければなりません。

市民社会がひとびとの労働する権利、生存する権利、生活する権利を守る、という視点に立って、企業の市場取引を最優先し労働者を犠牲にするような営利活動を抑制するように働きかけていくことが大切です。過労死するほどに働かされたり、家族生活を犠牲にするような働き方を強いる企業を市民社会が監視してコントロールする力を育てていく。市民社会がそのような企業や市場に対する力を強化していくことによって、国家の政策もおのずと市場のためではなく、国民に富をもたらすような方向に向かっていくのではないでしょうか。

質問　市民社会が国を作るような感じですか？

斉藤　いままでのわたしの話からもおわかりのように、市民社会と国家はたがいに切り離された無関係のものではなく、たがいに不可分に入り組み合っています。国家の政策を変えるためには市民社会を変えなければならないし、市民社会を変えるためには国家の変革が重要な契機になります。今日のグローバリゼーションの時代のように、市民社会と国家があまりにも市場に強力に支配されているような状況においては、私たちが自分たちの市場本位の暮らし方を変えることによって市民社会の市場に対するコントロールを強化し、その力でもって、国家の政策をグローバル市場から市民社会に向けて誘導していく必要があります。その際に、市民社会自身がグローバル化していることを念頭に置いて、国家を超える市民社会のひろがりのなかで、ひとびとの市民権や生活権の視点から国家をつくりかえていくことが重要ではないでしょうか。

破局を回避する道——わたしたちの選択

質問　連帯を原理とする道をぼくたちが選択したとしても、世界全体とか日本全体がグローバリゼーション化していくとしたら、ぼくたちの選択はただの逃避の手段であって、結局はグローバリゼーションの道を転換することはできない気がするんですけど、それってどうですか。

斉藤　グローバリゼーションが主流で、連帯経済が社会のマイナーな領域にとどまっているのであれば、グローバリゼーションの動きを止めることはできないのではないか、ということですね。

まず社会を組織する原理を市場から連帯へと転換するという視点を明確にもつということが必要です。そうすれば、大企業に就職してグローバル競争に身を委ねるという生き方から、協同組合や非営利組織や結社のような連帯を原理とする経済や地域の仕組みをみずからつくっていく生き方を選択する道がおのずと開けてきます。

けれども、連帯の原理が重要だということがわかっていれば、たとえグローバル企業に就職したり国家官僚への道を選んだ場合であっても、企業や国家を連帯の原理によってコントロールする方向へと導く努力をすることはできますし、そうすべきだと言うことがわかってきます。たとえば株式会社を株主最優先で運営するのか、それとも株式会社に関与している従業員、消費者、地域などの利益を重視するようにして運営するのか、という判断はつねに問われますよね。

質問　連帯を原理とする経済が広まっていけば、グローバリゼーションの破局を避けることができるのでしょうか。

斉藤　たしかに、グローバリゼーションは、国家の制御能力をはるかに超えて地球と人類を破滅に追いやるほどの強大な力を秘めています。しかし、よく考えてほしいことは、そのような強大な破壊力を招きよせた根っこにあるのは、わたしたちの日々の暮らしのあり方だということです。暮らしのすべてを市場と企業に委ねて一見快適で安楽に見える暮らしのなかに恐ろしい暴力がはらまれているということに気づいてほしい、その気づきから出発して、自分たちの暮らしをどのように変えたらよいのかを考えてほしいということです。この暮らしを変えることは、五〇〇年の近代の歴史を転換するという巨大な共同事業であって、わたしたちのものの考え方、技術のありかた、社会・経済の制度や慣習、教育のありかた、そして国家のありかたもふくめて変えていくという巨大な転換が必要とされます。社会的連帯経済というのは、そのような転換の方向を指し示す指針だと言ってもよいかと思います。この指針にしたがって、各人がどのような生き方を選択するかを考えてほしいというのが今日のわたしの問題提起です。

質問　国家や市場に頼るのではなくて、市民社会の役割を増していくという考えにものすごく興味を覚えました。それで、大学教育においてグローバリズムのための教育ではなくて、市民社会を作るための、市民社会を作る人を育てるための教育とはどのようなものと考えておられますか。

斉藤　そうですね、わたしが大学の教師のころ取り組んだのがプロジェクト教育というものです。プロジェクト教育は、知識を受け身で習得するのではなく、まず学生がみずからの課題を先に立ててその問題を解決するためにどういう知識が必要か、ということを自分で判断し学習していく、という教育方法です。ですから、教師が学生に教えるのではなく、教師と学生がプロジェクト・チームを作って同じ課題にいっしょになって取り組みます。基礎教育から専門教育へと知識を積み上げていくのではなく、まず最初にプロジェクトの課題を立てる、たとえば電気自動車を作る、ロボットを作る、という課題をたてる。そしてその課題を実現するためにどういう知識が必要なのか、というところから出発して、必要な基礎的・専門的知識を身につけていく。そういう学習は自分の内発的な欲求から求められるものですから、知識に対して能動的な態度が生まれてきます。

ただ、わたしの大学でそのようなプロジェクト教育が成功したのは、かなり学力のある学生層ですね。学習意欲がない学生にプロジェクト教育をどう導入するか、というのは大きな課題です。学生における学習意欲のなさは、なんのために大学に来たのかについて考えていない、就職のために学歴がほしくて大学に来た学生に多いのですが、そのような姿勢は市場を原理とする社会のあり方とも密接に関連しています。連帯を原理としてみずからの暮らしに責任をもつ生き方から、おのずとプロジェクト教育の手法が豊かにはぐくまれていくのではないでしょうか。

たしかに「やる気を引き出す」というのは、最近は文部科学省とか経済産業省なんかでもキャリア教育というふうな言い方で、大学でも導入されるようになっています。ただ、それはわたしの印象では、やっぱり学生をひとりひとり分断して個人の能力を引き出す、つまり市場でたがいに競争させることを目的とする教育です。だから、おたがいが連帯するなかで相互に能力を発揮して暮らしを自律させるための教育になっていませんね。社会的連帯をはぐくむプロジェクト教育、社会的連帯のなかで個人の想像力を育てるプロジェクト教育が必要なのではないでしょうか。

社会的連帯経済へ

質問　市民社会によって脱グローバリゼーションの活動が広まっていき、国家が市民の地域性に目を向け始めるとしたならば、国家と国家が、国家と市民社会が密接なかかわりを持っていきます。そうしたら、国家と他の国との間のつながりはどうなっていくのでしょうか。

斉藤　先ほど言いましたように、ウエストファーレン体制というのは、社会の権力を国家が独占することによって、国際秩序を国家と国家との間の関係を通して組織する体制です。それに対してグローバリゼーションの時代になると、社会が国家の枠を超え出ていきますから、国境を越えた市民社会のつながりがいろんな形で出来上がっていきます。たとえば国際ＮＧＯのような市民組織のグローバルなネットワークが発展し、ローカルな経済が国境を越えて、国家を媒介せずに結びつく、あるいは都市とか地域の国境を越えた連携が生まれるという動きが生じてきます。近代世界では、市民組織も、都市も、地域も、いったん国民国家に集約されて、そしてその国家を媒介にして他の国家に帰属する市民組織、都市、地域と関係する、というようになっていましたが、国家の媒介を抜きに地域同士、あるいは都市同士が直接トランスナショナルに関係を結ぶという動きが進んでいきます。

ヨーロッパでは、ＥＵという主権国家を超えた広域国家だけが注目されていますが、各国の国内における地域の独立運動や、加盟各国の地域が連携するネットワーク作りがすごく進展しています。

社会的連帯経済の取り組みにしても、複数の国家にまたがる地域連携によって連帯経済を考える動きが進んでいます。今年（二〇一七年）の五月にアフリカのモロッコで社会的連帯経済の国際フォーラムが開催されましたが、このフォーラムには、スペイン・フランス・イタリアといった西ヨーロッパ諸国の諸大学、それから北アフリカのモロッコとかナイジェリアといった諸国の諸大学の研究者が一堂に会して社会的連帯経済をどのように育てるのか、その担い手をどのように教育するか、といった課題を議論しています。つまり、アフリカと西ヨーロッパがいわば国境を越えてつながるような経済の仕組みを考えているのです。

質問　じゃあ今後もっと国家間のつながりは密接になっていくということですか。

斉藤　国家間の相互依存関係ももちろん強まっていきますが、国家と国家が外交関係を結ぶというかたちではなく、国家を超えたかたちの社会が育っていくということだと思います。移民がつくりあげる社会がそうですね。そうすると、国家の任務は、外交関係を結ぶということだけでなく、そのような国家を超える社会との関係をどのようにつくりあげるのか、そのような国家を超えた社会を守り育てるのか、それともそういう社会を抑圧し排除するのか、といった課題に直面することになります。国家にそのどちらを選択させるかを決めるのも、やはり市民社会の力ではないでしょうか。

質問　じゃあ貿易で言うと、さっきのパプア・ニューギニア海産のようなそういった他国の地域性に目を向けた貿易などが生まれていくということでいいんですか。

斉藤　貿易というのは国民経済相互の取引なんですけれども、多国籍企業なんかの経済活動というのはそういう貿易を超えているわけですよね。ひとつの企業の中の取引が国と国との間にまたがっておこなわれるようなそういう取引です。たとえばトヨタ自動車が中国とか東南アジアとかインドへ行って工場を作る、それぞれの国の工場で作ったさまざまな部品を集めて自動車を組み立てる。このような自動車をつくる生産工程が、つまり一企業の内部取引が国と国との間にまたがって編成されている。

だから今まさに事実上、企業は国家を超えた生産活動をやっているわけですね。そして、そのグローバルな生産活動の目的は、利潤を極大化することです。そのために、できるだけコストを削減できるような地域に工場を分散させようとします。賃金についても、国民経済単位ではなく、グローバル経済単位で賃金コストをできるだけ削減できるような仕組みを工夫します。ファーストリテイリングの世界同一賃金がそれです。世界中のすべての労働者の賃金を同じ体系にする、同じ条件にする。ただしその会社の一〇%くらいの人だけが二千万円くらいの高い収入をもらえるけれどもほとんどの人が三百万円以下とかですね。そういうかたちで世界中の労働者を同じ賃金体系で競争させ賃金を絞って労働者を働かせようとする。

これに対して、社会的連帯経済は多国籍企業のような国家の超え方ではなく、暮らしの自律をめざすひとびとが国家を超えてつながろうとするものです。おっしゃるように、国家と国家にまたがった地域同士がおたがいの暮らしを向上させるためにつながる。エビの漁師の暮らしを確保し、エビを食べる消費者の暮らしを保証する。国民経済相互の取引である貿易取引でもなければ、多国籍企業の取引でもない、国家を超えた社会的連帯経済の仕組みづくりが進められなければなりません。

質問　いまのグローバル企業はＡＩなどを使ってあえて格差を拡大させているような行為をしていますが、オルタグローバリゼーション社会において企業はこれからどのように変化していくのでしょうか。

斉藤　企業というのは、私的な利益を追求する、利潤を極大にすることを目的とする組織です。だから、私的な利益を追求するということが当然の権利であり、正当なことだというふうに考えられているわけですけれども、それが先ほど言いました市場の暴力とか貨幣や金融の暴力を引き起こしているわけですね。

グローバリゼーションが深刻な破局を生み出す動きの中で、企業は私益を追求するけれども、個人と同じように市民社会の一員であり企業市民なのだから、人権を侵害したり環境を破壊したり人体に有害な物を製造販売してはならない、という公共の視点を強調する声が高まっていきます。さらには、もっと積極的に公共的視点を前面にうちだした投資活動が推奨されるようになります。社会的企業の活動、あるいは企業の社会的責任投資といった活動がそれです。環境を保全し社会的平等を推進し労働者の権利を保護するような投資活動を優先して推進する方向への企業の転換が求められるようになります。

ＡＩの導入によって企業がやろうとしているのは、コストのかかる労働者を削減して企業の利潤を最大限高めることです。だからかつてのように、企業の投資が雇用を生まなくなっています。企業の利潤追求の活動が、あきらかに暮らしの自律と対立するようになっているのです。社会的連帯経済は、その逆に、利潤の追求ではなく、人の暮らしを自律させ向上させることを経済の目的としますから、地域で雇用を創り出し地域の暮らしに必要なニーズに応えるために企業を創設します。オルタグローバリゼーションの運動が強まるほど、そのような企業への転換は加速されることになります。

（二〇一七年九月一七日河合塾大阪校での講演をもとに作成）

参考文献（［ ］内の年数は、邦訳書の原書が刊行された年）

アルバート・O・ハーシュマン『連帯経済の可能性』矢野修一ほか訳、法政大学出版局、二〇〇八年［二〇〇八年］
アルフレッド・クロスビー『ヨーロッパ帝国主義の謎』佐々木昭夫訳、ちくま学芸文庫、二〇一七年［一九八六年］
安世鴻　写真集『消せない痕跡』重重プロジェクト、二〇一七年
アントニオ・ネグリ／マイケル・ハート『帝国』水嶋一憲ほか訳、以文社、二〇〇三年［二〇〇〇年］
ウルリッヒ・ベック『危険社会』東廉・伊藤美登里訳、法政大学出版局、一九九八年［一九八六年］
『世界リスク社会』山本啓訳、法政大学出版局、二〇一四年［一九九九年］
大杉榮／伊藤野枝『大杉榮・伊藤野枝選集』第三巻、黒色戦線社、一八八八年
カール・ポランニー『大転換』野口建彦・栖原学訳、東洋経済新報社、二〇〇九年［一九四四年］
カール・マルクス『資本論』長谷部文雄訳、青木文庫、一九五八年［一八六七年］
『マルクス資本論草稿集　一八五七―五八年の経済学草稿』①―④、大月書店、一九八一年［一九七六年］
斉藤日出治『ノマドの時代』大村書店、一九九四年
『帝国を超えて――グローバル市民社会論序説』大村書店、二〇〇五年
『グローバル化を超える市民社会』新泉社、二〇一〇年
酒井直樹「パックス・アメリカーナの終焉とひきこもりの国民主義」『思想』一〇九五号、二〇一五年
ジャック・アタリ『歴史の破壊　未来の略奪――キリスト教ヨーロッパの地球支配』斎藤広信訳、朝日新聞社、一九九四年、［一九九一年］
ジャン=ルイ・ラヴィル編『連帯経済』北島健一・鈴木岳・中野佳裕訳、生活書院、二〇一二年［二〇〇七年］
ジル・ドスタレール／ベルナール・マリス『資本主義と死の欲動』斉藤日出治訳、藤原書店、二〇一七年［二〇〇九年］
全日本建設運輸連帯労働組合関西地区生コン支部発行『関西地区生コン労働運動50年』社会評論社、二〇一五年
チャールズ・C・マン『一四九三――世界を変えた大陸間の「交換」』布施由紀子訳、紀伊國屋書店、二〇一六年［二〇一一年］

『一四九一年——先コロンブス期アメリカ大陸をめぐる新発見』布施由紀子訳、ＮＨＫ出版、
二〇〇七年［二〇〇六年］
中小企業組合総合研究所発行『関西生コン産業60年の歩み　一九五三—二〇一三年』二〇一三年
堤未果『㈱貧困大国アメリカ』岩波新書、二〇一三年
トマ・ピケティ『二一世紀の資本』山形浩生ほか訳、みすず書房、二〇一四年［二〇一三年］
中村健吾『欧州統合と近代国家の変容——ＥＵの多次元的ネットワーク・ガバナンス』昭和堂、二〇〇五年
ベンジャミン・バーバー『ジハード対マックワールド——市民社会の夢は終わったのか』鈴木主税訳、三田出版会、
一九九七年［一九九五年］
飛矢崎雅也『大杉栄の思想形成と「個人主義」』東信堂、二〇〇五年
ブランコ・ミラノヴィッチ『大不平等』みすず書房、二〇一七年［二〇一六年］
フランシス・フクヤマ『歴史の終焉』上下、渡部昇一訳、三笠書房、二〇〇五年［一九九二年］
武藤北斗『生きる職場』イースト・プレス、二〇一七年
ベルナール・シャヴァンス『社会主義のレギュラシオン理論』斉藤日出治訳、大村書店、一九九二年［一九九〇年］
メアリー・カルドー『新戦争論——グローバル時代の組織的暴力』山本武彦・渡部正樹訳、岩波書店、二〇〇三年［一九九九年］
『グローバル市民社会論——戦争へのひとつの回答』山本武彦・宮脇昇訳、法政大学出版局、二〇〇七年
［二〇〇三年］
『「人間の安全保障」論』山本武彦・宮脇昇・野崎孝弘訳、法政大学出版局、二〇一一年［二〇〇七年］
本山美彦『金融権力』岩波新書、二〇〇八年
山口智美ほか『海を渡る「慰安婦」問題——右派の「歴史戦」を問う』岩波書店、二〇一六年
若森みどり『カール・ポランニーの経済学入門』平凡社ライブラリー、二〇一六年

解説　グローバリゼーションと日本の教育

青木　和子

グローバリゼーションという現象をどう捉えるか

最近、若者の気質が変わりだしたように感じる。

二一世紀生まれの若者達にとっては、インターネットで好みの知識・情報を引き出し、メールやＬＩＮＥ・ＳＮＳなどで情報交換・意見交換をすることが日常となっている。そのなかで、ネット社会の便利さと共に、その利便性の背後に潜むネット社会がもたらす不分明で流動的なやりとり（それは時には憎悪をむき出しにした炎上という事態をも招く）に不安感を抱き、疲れ、さらには疑問を抱くものも出てきている。人間は言葉のみならず耳や眼など五感を用いて異質な他者と出会い、つながることによって信頼関係をつくっていくものである。しかし、対面で話すこともなく情報だけが行き交い身体感覚が欠落したネット社会では、他者との信頼関係をむすぶことができない。情報が氾濫するなかで、分断された孤独な個人が姿の見えない他者と向き合ってしまうという不安で危険な社会に投げ出されていることに彼らは気づきだしたのである。

また、彼らは、社会のなかで自らの存在そのものが不安定で流動的であることを知っている。

自民党政権が念願の防衛力増強のための正当性の根拠として意識的に煽る北朝鮮とアメリカの核戦争という危機、東日本大震災での福島第一原発のメルトダウンとその後の放射能汚染の継続、にもかかわらず再稼動を強行する政府・経済界の動き、世界各地で広まる排外主義ナショナリズム・ポピュリズムの動き、経済成長を至上課題として金融緩和政策のもとで推進される赤字国債の莫大な累積、これらが遠からず自分たちの世代にのしかかってくることを彼らは知っている。そして何よりも、彼らは受験という現実の中で、現代社会の理想の理念とされている「自由・平等」が、一人一人が「自由に平等に競争させられる」ことであって、失敗した場合は「自己責任」とされる新自由主義的「自由・平等」であることを、実感しているのである。

彼らを取り巻く状況は複雑で、かつ理不尽でさえある。そもそも社会に対して理不尽を感じるのは、ある意味、若者の特権だと思うし、筆者の世代もそうであった。しかし、二一世紀にはいり国民国家・主権国家の枠組みが崩れだすなかで、その理不尽という感覚は底の見えない不安感となって若者達を覆うようになってきている。

筆者は河合塾の日本史科講師であるが、従来、高校日本史教科書の記述内容にもの足りなさを感じていた。教科書では、「何が」「いかに」あったかという記述が中心となっていて「それがなぜ起こったのか」という個別事象の前提となる記述が希薄である。「なぜ」という問を放棄し、大状況の把握を前提としない歴史学は、無限の個別事象の記述に落ち込むのではないか。「歴史は暗記物」という受験生の態度・評価は、個別事象の羅列という現行教科書のもつ一面を端的にあらわしているように思われる。

事象の羅列ではなく、社会史・生活史・女性史が「叙述」を通じて切り拓いた個別的・具体的な事象の歴史と、その事象の前提となる巨視的な、特に近現代史では地球的規模でのグローバルな観点をつなぐ内容をもつ「教科書」が今こそ必要だと思う。

近代世界の基盤となった国民国家（主権国家）を生み出した資本主義の運動は、一方で絶えず国境の外との交流を通してグローバルな世界を生み出し、さらに現代では各国政府がとる新自由主義的政策とあいまってその運動を加速・増殖させ、国民国家の枠組みを切り崩し国家の役割そのものをも変質させつつある。そして、この自由・平等・平和と豊かさを理念に掲げたグローバル資本主義は、理念とは逆に、世界中に極端な格差と不平等、環境や文化の破壊をもたらし、そして世界戦争の危機さえもたらしている。

こうした近現代の世界の動向を読み解く鍵のひとつがグローバリゼーションである。現代社会に生きる私たちに、このグローバリゼーション（新自由主義的市場経済）は何をもたらしているのか。これからの社会を担っていく塾生たちに、彼らが感じている漠然とした不安感の根底にあるグローバリゼーションという現象を、彼ら自身が分析し、乗り越えていく視座を獲得できる、そのような文化講演会を持ちたいと思った。

そこで近現代史理解の前提となる「大状況」を把握するために、斉藤日出治氏にグローバリゼーションについての講演をお願いした。


斉藤氏は、資本主義の矛盾を批判したマルクスやグラムシ、ポランニーらを長年研究しながら市民社会論を梃子にグローバリゼーションの問題を二〇年以上にわたって考え抜いてきた、この分野の最も信頼できる研究者である。彼は、「海南島近現代史研究会」という市民団体の仲間とともに、日中戦争期に日本軍・日本企業が中国南方の海南島で犯した国家犯罪の実態を究明する聞き取り活動に取り組み、家族を虐殺された海南島の村民たちが日本政府を告発する運動を下支えされている。日本政府は事実認定を拒み、責任を放棄しているが、日本の国家的戦争犯罪を追及するこうした活動を、アジアの民衆に加えた加害責任を抹殺して「敗戦の記憶（空襲・空爆・玉音放送などの被害体験の記憶）」

を組織しようとする戦後日本社会のヘゲモニー装置に対する社会闘争の重要課題のひとつと位置づけられている。さらに、大阪労働学校・アソシエという教育機関の立ち上げにも関わり、グローバル資本主義からの脱出の道筋ともなる「グローバル市民社会」の組織化と「社会的連帯経済」の発展にむけて、労働組合運動などの担い手の育成と教育・研究プロジェクトの取り組み、そして社会運動のネットワーク化などを実際に展開されている。

つまり、斉藤氏は社会科学研究者であると同時に社会運動の理論家・実践者である。彼の学問の姿勢は、グローバリゼーションが「世界の終わり（破局的危機）をたぐり寄せている」ならば、「自らが招いた危機を自らの責任において究明し、危機からの脱出を図る」ための道を探り、そのための実践活動を行っていくというもので、市民社会を形成する主体として自らを定立しておられる。

暴力をもたらすグローバリゼーション

本書の第一章では、冷戦崩壊以降のグローバリゼーションの台頭が「自由・平等・平和」な社会というイメージをふりまいたが、二一世紀のグローバル資本主義の実相はそうではなく、破局的な暴力をもたらしていることを明らかにされる。グローバルな市場取引と貨幣・金融がもたらした暴力、これらのグローバル運動が主権国家を揺るがしもたらした戦争・紛争、こうした状況を意図的に創り出しているのがグローバル資本であることを。

第二章では、ポランニーとマルクスが捉えた市場経済と資本の運動が発動する破壊的暴力の始原を、一五世紀末のコロンブスのいわゆる「地理上の発見」（大航海時代）に求め、その暴力は五世紀にわたる近代の歴史を通して発動されたとされる。一七世紀半ば、ヨーロッパに主権国家（国家主権と国境で囲まれた領土、そして国家の構成要素としての国民という三要素をもつ）が成立し、この主権国家が創り出した国際秩序がウエストファーレン体制で、以後、三五〇年続くこの体制こそが「わたしたちを世界の終わりへと導く水路をかたちづくったもの」だとされている。

第三章では、グローバリゼーションの破局的暴力から脱出する筋道が提示される。グローバリゼーションの進展過程で主権国家を超えてあふれ出た多様なベクトルをもつグローバル社会が生み出されたが、グローバル市民社会の「人道的介入」の実践に暴力からの脱出への可能性を見て、国家に引きこもるポピュリズムのベクトルと対比される。さらに、市場取引を媒介としない社会的連帯経済の仕組みを創り出すことが、破局的暴力を回避するための道であるとされ、いくつかの取り組みを紹介されている。

五世紀にわたるグローバリゼーションの歴史と、それがもたらした破局的暴力からの脱出にむけての展望を、熱く語られた読み応えのある内容である。

私たちは、斉藤氏がここで語られているグローバリゼーションの時代に生きている。グローバル資本主義は、水や大気を含め地球のすべての資源や土地・資本・労働力などの生産要素の私有化を進め、食品・衣服等の消費財、医療・教育・交通などの各種サービス、映像・文化・知識・情報などすべてのものを市場を通じて商品として取引するシステムを創り出している。新自由主義的経済政策をとる自民党政権は、「小さな政府」を標榜して公的財政支出の削減に乗りだし、従来の「福祉」国家体制（「大きな政府」）が保障していた社会保障や福祉、医療、教育などの公的保障水準を切り下げるとともに、規制緩和の名のもとに、本来は私たちの暮らしや命の安全に関わるがゆえに「公的」であるべきこれらの分野を市場原理に任せてしまった。政府による新しい市場の創出をビジネス・チャンスと捉えたグローバル資本のもと、医療関連業者や製薬会社、福祉関連業者、民間教育産業などがこの分野に群がりだしている。

新自由主義的教育の本格化——ゆとり教育と脱ゆとり教育

教育の分野も例外ではない。一九九〇年代後半以降、長期不況からの脱出をはかる財界の要請をうけて日本政府は新自由主義的教育改革を本格化させていった。

一九六〇年代の高度成長期、政府・財界は、経済成長の効率を優先させる教育投資論を活用し、労働力としての人的能力を開発するために、教育においても能力主義を徹底することを求めた。これを受けて、この時期の学習指導要領では、教える内容の系統化と必要とされる知識量が重視されたが、一九七一年に「落ちこぼれ」が流行語になるなど子どもの学力低下が社会問題となり、七〇年代後半には「詰め込み教育」からの転換、「ゆとり」の必要性が謳われるようになった。以後、一九八〇年代から九〇年代にかけて、学校週五日制の段階的導入、子どもたちの「関心・意欲・態度」を評価の対象とする「新しい学力観」の採用、そして一九九八年の学習指導要領の改訂で「学習内容の大幅削減」と「総合的学習」時間の導入がはかられた。この一連の教育改革が「ゆとり教育」とよばれているものであるが、その理念を導入した責任者である三浦朱門教育課程審議会会長は、「戦後五〇年、落ちこぼれの底辺を上げることばかり注いでいた労力を、できる者を限りなく伸ばすことに振り向ける。百人に一人でいい。……限りなくできない非才、無才には、せめて実直な精神だけを養ってもらえばいい……それが『ゆとり』教育の本当の目的」（斎藤貴男『機会不平等』二〇一六年）と述べ、子どもたちを選別し、エリートには手厚い教育投資をおこない、それ以外のものは切り捨ててもよいと宣言したのである。「ゆとり教育」が新自由主義的教育改革の端緒になったとされるゆえんである。「週五日制」は休みになった土曜日をレジャー産業、教育・情報産業などに市場を提供することにもなった。また「新しい学力観」は、「個性重視」を謳いながら、授業内容の理解よりも、「関心・意欲・態度」という本来点数では測れないものを評価する方法であったため、子どもにそのような評価への従属・適応を求めることになった。そして、この「個性重視」は「できる子はどんどん伸ばし」「できない子はそれなりにでよい」という能力主義教育の強化と表裏一体であったため、却って学力格差を拡大させることになった。「新しい荒れ」とよばれる学級崩壊・いじめ・キレるといった子どもたちの逸脱行動が問題になりだしたのもこの時期である。

こうした教育改革の背景となるのが一九九五年日本経営者団体連盟（日経連）が出した「新時代の『日本の経営』」である。そこではグローバリゼーションに対応するため、従来の日本型雇用システム（年功序列型賃金と定年までの雇用）を転換して、労働者を企業経営の根幹を担う「長期蓄積能力活用型」、専門的な知識・経験を活かす「専門能力活用型」、定型業務を中心に担わせる「雇用柔軟型」の三つのグループに分けて管理し、活用するという方向を示すものであった。これに応じて政府は企業が労働力を自由に調節できるようにする労働者派遣法改正などの規制緩和を進めた。その結果、低賃金・長時間労働の悪条件のもと将来展望を持てずに働く膨大な非正規労働者が生み出されたのである。こうした政府・財界の意向を受けて展開された教育改革について、教育学者の竹内常一は、学校教育が政府・財界が進めるこのような労働者の振り分けに利用されることについての危惧を表明し、子どもに「選択の自由」と「自己責任」をセットで与えた上で、学校教育のなかで「自分探し」を強要するのは「三つの労働者グループのいずれかに自分をすすんでアイデンティファイ（同一化）していくことを子どもにせまるもの」だと断じている（竹内常一『少年期不在――子どものからだの声をきく』一九九八年）。

グローバリゼーションの時代における「自己責任」論の蔓延は、市場経済に適合した能力主義という価値観が市民社会に浸透したことから生じた結果である。現在、国家は市場競争の自由が最大限発揮できるように制度や法を整備し、社会の公正、人権、生存権といった社会規範よりも経済成長を最大限追求することを優先課題としている。人々も市場経済に沿ったものの考え方、価値観を持つようになり、私的所有権を絶対視し、市場取引の自由と平等を尊重する考え方が市民社会に浸透していく。学校では、一人一人がたがいに関わることによって関係を深め、共に育っていくということよりも、たがいの競争を通して一人一人の能力をいかに伸ばすかが教育の主要課題となる。その能力主義のもとで、自己の能力を発揮して競争に勝利したものは評価され、能力のないもの、学習意欲のないものが評価されないのはやむを得ないこととみなされる。学校での学力格差という教育内容に関わる問題を、個人の「能力」という私的な問題にすり替えるのが「自己責任」論である。グローバリゼーションは、近代市民社会が創り出した「自由・

平等」という理念を、市場競争に都合のよいように、市場取引の場に誰もが「平等」に参加でき、「自由」に競争することができる権利と読みかえ、能力主義と自己責任論を煽ったのである。

二〇〇〇年代になると新自由主義的教育改革は一気に加速する。学力低下問題と「新しい荒れ」とよばれる現象に対応するため、首相官邸が主導する「脱ゆとり教育」へと転換していった。この時期、首相が関与する教育改革国民会議（小渕・森政権）・教育再生会議（第一次安倍政権、第二次政権は教育再生実行会議）、また経済財政諮問会議など「法定外」の私的諮問機関が教育改革に対する提言をおこなったが、そこでは主として学校教育の場に市場の論理を持ち込むことの効用が議論された。子どもを選別・淘汰し、教育格差の拡大を肯定したここでの議論のなかから、初等教育での子どもの選別・差別化、一部のものへのエリート養成教育（小学校の習熟度別教育・六年制中等学校・大学への「飛び入学」）といった学校制度の複線化が構想された。この、ごく一部のスーパーエリート／何割かの中堅層／多くの従順な労働者予備軍をつくるという学校制度の体系は、財界の求める人材要求に適合したものである。

「新しい荒れ」とよばれる子どもたちの行動を、官邸主導の教育会議は、生徒個人や家庭教育の問題、教員の資質の問題と捉え、道徳教育の教科化、家庭教育の責任の明確化、教員評価の強化などが議論された。そこには、子どもたちがグローバリゼーションのなかで育ち、その矛盾が彼らの行動に体現されていることへの内省は見られないし、現場の教員が学校教育の市場化のなかで分断され孤立して教員間の共同性も希薄となり、市場化に伴い課された教員評価や煩雑な校務、消費者となった子どもや親たちへの対応に追われて多忙を極めている、という状況に対しての想像力は一切ない。

「荒れ」を個人の問題として捉えようとする政府は、活動の場を求める臨床心理学会と結び、スクールカウンセラーを各学校に配置した。こうした政府と学会の動きに対し、臨床心理学者の小沢牧子は、心理療法・カウンセラーは個人の不満の処理に貢献するが、同時にそれは問題の個人化と社会への視点を欠落した内省、自助努力・自己責任の態度を作り出すという点で、新自由主義的経済思想を背後から支えていると批判し、個人の不満や怒りの背景に存在する状況的・関係的要素を軽視する心理学的手法に警鐘を鳴らす。また、二〇〇二年から小・中学生に配付された道徳教育の「国定教科書」ともいうべき『心のノート』についても、道徳教育と心理学が「心の教育」という巧みなコピーのもとに結びつき、「道徳教育は言葉でストレートに価値観を注入するが、心理学的手法は相手の感情や言葉を共感的に受け取ったのち間接的に、望まれる価値観へ相手を誘導する」（小沢牧子『「心の時代」と教育』二〇〇八年）もので、そこには暗示された徳目を下支えして、子どもを「自発的服従」へと導く心理学的アプローチがあると指摘する。

（なお、本稿脱稿後の二〇一八年二月一四日に高校の学習指導要領改訂案が公表された。そこには教育内容の主な「改善事項」として「道徳教育の充実」と「伝統や文化に関する教育の充実」が挙げられ、「道徳教育推進教師」が中心となって「全教師が協力して道徳教育を展開すること」（第一章総則、第七款）とされている。地歴・公民科の各科目の目標に「日本国民としての自覚」や「自国を愛すること」が盛り込まれ、公民科では「現代社会」に替わり「公共」が必修科目となり、「倫理」とともに道徳教育の役割を担うことになっている。小・中学校の『心のノート』を踏まえた、初等・中等教育における道徳教育の集大成として「公共」・「倫理」が位置づけられているのである。「自覚」や「愛国心」という態度や心情などの道徳的目標がまたもや評価の対象になっているが、この「公共」や「倫理」が入試科目になれば、その評価軸に自発的に服従せざるを得ない生徒たちを大量に生み出してしまうことになる。政府の思惑通りに。特に気になるのは、必修教科となった「公共」という名称である。それは、「公共」という概念が本来持っていた意味を簒奪し、新自由主義・新国家主義に適合する「公共」を生徒に埋め込んでいこうとするものであり、その狙いはここでもまた明らかである。）

新自由主義と新国家主義を結ぶ教育

二〇〇六年、第一次安倍政権下に教育基本法が改訂され、「教育の目標」に保守勢力念願の「愛国心」「伝統と文化の尊重」が明記された。また、新設の第一七条「教育振興基本計画」にみられるように、政府が国の教育全体に関与し、規制・管理を強化していく姿勢が明確に示された。二〇〇八年四月の教育振興基本計画についての中教審の答申に、「今後は施策によって達成する成果を指標とした評価方法へと改善を図っていく必要がある。……今後の計画においては、各施策を通じてPDCA（Plan 計画→Do 実施→Check 評価→Action 改善）サイクルを重視し、より効率的で効果的な教育の実現を目指す必要がある」と記されている。PDCAは企業の品質管理の考え方を導入したもので、教育現場である学校を企業と捉え、学校（＝企業）に対する規制・管理を強化したのである。既に二〇〇〇年の段階から企業経営に実績のある民間人の校長を採用しだし、「効率的」に学校を運営するため企業経営のマネジメント手法を導入している。教育のもつ「公共性」というイメージは、このような「改革」で死に体である。

改訂教育基本法には、こうした新自由主義的側面と「愛国心」「伝統の尊重」といった新国家主義の影響が見られるが、そのような文脈のなかから現行憲法の改正実現に向けての具体的動きが本格化し、現在に至っている。

しかし、国境を越える新自由主義市場経済と国民国家の枠に閉じこもろうとする新国家主義はどのように結びついているのか。

新国家主義は、戦後民主主義・平和主義を否定して（従って、現行の憲法を改正して）新しい国の形をつくろうとする政治思想である。一九五〇年代から保守政党や右翼を含む保守派の財界人・文化人のなかにその流れがあり、「愛国心」の「国」、「伝統の尊重」の「伝統」は、戦前との連続性の強い「天皇制国家」という「国」「伝統」を指しているようで、これを「新しい国のかたち」というのである。この流れは、自民党政権による元号法の制定、国歌・国旗法の制定とその後の強制、道徳の教科化、軍事力増強などの動きとなり、この動きを政財界・宗教界の保守派が設立した「日本会議」が支え、自由主義史観に基づく歴史教科書の編纂などをバックアップしている。

斉藤氏はこの新国家主義を「ひきこもりの国民主義」とよび、「グローバリゼーションが主権国家の枠組みを揺り動かすことによって伝統的な集団的アイデンティティが流動化するなかで、かつての伝統的な集団的理念を復権させつつそのアイデンティティを再編し強化しようとする動き」で、自国が引き起こした戦争犯罪・加害責任にまともに向き合ってこなかった「日本の市民社会が、国家を超えてあふれ出る社会を主権国家の内に回収しようとして、その動きがひきこもりの国民主義、排外的ナショナリズム、あるいは人種主義となって発現している」と分析される。そして、日本のみならずアメリカのトランプ政権、ヨーロッパで台頭するポピュリズム政党などにみられる新国家主義(引きこもりの国民主義)を、グローバリゼーションの展開のなか世界中で生み出されてきた多様な「グローバル市民社会」のベクトルの一つに位置づけられている。

新自由主義的経済政策をとる自民党政権が、一方で、伝統回帰の大国主義を掲げる新国家主義的政策を進めるのは不思議ではない。新自由主義市場経済は人々を分断し孤立させるが、そのバラバラにした人々に新国家主義者が提唱する「新しい国のかたち」というイマージュを与えて「国民」の再統合を図ろうとしていると考えられる。

一方、この新自由主義と新国家主義の関係について、哲学者の高橋哲哉は、新自由主義も新国家主義も共に強者の論理であり、新自由主義の自由競争で淘汰されていく敗者は全体の発展のためにはやむをえない犠牲であると正当化され、新国家主義による犠牲は「お国のため」の「尊い犠牲」だといって正当化される。「このように見ると、新自由主義と新国家主義の両者は『犠牲のポリティクス』という思想で貫かれているともいえる」（高橋哲哉『教育と国家』二〇〇四年）と述べている。

この「犠牲のポリティクス」や「ひきこもりの国民主義」のもとで進められる政府の「改革」を下から支えているのは、日常生活の商品化が進むなかで分断され孤立した消費者となってしまった私たちが生み出した思考様式、そしてその集団としての社会意識でもある。斉藤氏は、グローバリゼーションがもたらしたこのような思考様式・社会意識を変えていくには私たちの暮らしを転換し、仲間とつながることだという。「わたしたちが選ぶべき道は、国家を越えてあふれ出る社会を、市場にも、国家にも任せることなく、わたしたちの日々の暮らしに連帯と協働をとりもどすことによって組織しなければなりません。」と。

高等教育でもグローバル資本の要請に沿った構造改革が進められた。二一世紀に入ってからの新しい知識・情報・技術が、社会のあらゆる領域での活動基盤としての重要性を増す（「知識基盤社会」）なか、政府は大学の構造改革に乗り出した。二〇〇四年に国立大学法人法が制定されて以降、大学は、グローバル企業の国際競争力確保のための「グローバル人材」「イノベーション人材」の育成を目指すものへと転換させられ、大学運営についても企業の経営手法が導入されて、従来の「大学の自治」を担ったとされる学部教授会は諮問機関化し、そのなかで大学の再編・統合が進められている。二〇一二年から本格化した「高大接続改革」は高校教育・大学教育の改革と大学入試の改革を三位一体で変えようとするもので、入試との関連では「入試が変わらないと高校教育が変わらない」「少子化、国際競争の進展の中で大学教育の質的転換」をはかるものとしている。「高大接続・連携」の取り組みとして高校・大学の壁を取り外す教員の派遣・交換授業など興味ある試みも始っているが、「大学教育の改革」の目的が国際競争力強化のための「グローバル人材」「イノベーション人材」の育成にある以上、高校教育で求められるのもそれに適合する人材の育成である。二〇一七年に試行された新テストでも試されたのは鳴り物入りの「学力の三要素」というより「新しい時代にふさわしい」情報処理能力である。その点から見れば現行のセンター試験より難度が高く、できる者とできない者とを選別・淘汰していく学校制度の複線化に対応する「新テスト」であった。

教育の市場化は、初等・中等・高等教育の場に様々な矛盾を引き起こしているが、教育の目的・理念は教育基本法第一条にいう「人格の完成を目指す」もので、児童・生徒・学生をグローバル資本のための「人材」育成に特化させるものではない。そもそも人は「材」として処理される存在ではない。人は、身体や心をもった存在としての他者と出会い、関わろうとし、悩み、苦しみ、喜び、考えるなかで、他者を発見し、さらにはその行為によって自己や世界を再認識していく。「人格」はその過程で形成されるのである。

人間の教育を求めて――予備校現場で

予備校である河合塾は「教育産業」である。講師の授業や職員・スタッフが作成する入試情報、学力測定のための模擬テストなどを商品として提供し、消費者である生徒（親たち）がその商品を評価するという市場原理が持ち込まれた業界である。講師の授業は、生徒の授業アンケートなどで評価され、その結果によって次年度の授業のコマ数が決められる。そこで、商品としての授業は自由競争にさらされ、パフォーマンスを含めた授業テクニックにしのぎを削るようになる。しかし、授業の商品価値は消費者である生徒の満足度として計量されうるが、そのことは必ずしも「教育としての授業の質」を保証するものではない。

一九九〇年代末頃から気になりだしたことがあった。生徒は真面目になり管理されることに慣れ、親もそれを求めだした。一方、講師や職員・スタッフに対する不満の訴えが増えた。また、この時期、受験対応中心の授業を行う高校が増え、高校の予備校化が進んでいた。こうした生徒や親、高校の変化の背景には、政府が進めた新自由主義的教育改革による学校の市場化がある。生徒や親は賢い消費者になって高校にも受験対応の授業を望みだし、ランク付け・選別されだした高校も受験シフトの運営へと切り替えていったのだと思われる。教育改革の目的が「グローバル人材」の育成にあり、高大接続の要として入試がそのような「人材」の選別手段として位置づけられている限り、そして生徒・親が自由競争の「勝ち組」になることを望む限り、高校の予備校化は今後も続くであろう。

授業が商品となるのは予備校の宿命である。しかし、このことを自覚した上で、「教育」に携わる者として「教える」ということがもつ本来的な意味を考え、授業や予備校空間でどのように実践していくかを模索している講師・職員集団もいる。

河合塾に牧野剛という名物講師がいた（二〇一六年逝去）。授業には、知識を一方的に与えていく手法と生徒の学習意欲（自主性）を引き出すことに重きをおく手法があるが、彼はこの二つの間をつなぐやり方を実践した。受験勉強を全人的なものととらえ、コンパやスポーツ大会、登山などで生徒たちが互いの関係を育てる場をつくり、個人面接などで人間的働きかけを行いながら、勉強に対する生徒の構えを受身から能動的なものに変えていき、生徒本人の内部から出てくる行動力・意志力を徹底的に重視しようとしたのである。受験という自由競争のなかで、分断されストレスを抱え込んでいる生徒たちを、職員・スタッフとともに、見守り、生徒同士の関係性を構築させ、一人一人の可能性を引き出すという「人間主義」教育は、効率を求める商品としての授業からの脱却をはかろうとするものだった。

河合塾の各地区では、今回の斉藤氏にお願いした講演会のように、様々な講演会やイベントが企画・実施されている。それは単なる教養講座ではない。講師や職員・スタッフが講演会を企画し、講演者を選び、生徒に働きかけて、講演会をもつ。そしてその内容を生徒と共に考える。このプロセス、そしてそのなかで育まれる協働性こそが文化講演会のもつ意味である。

こうした予備校が本来もつ市場原理・自由競争を相対化し、新しい枠組みで教育を考えていこうとする人間主義・文化主義が河合塾の文化路線で、河合塾の伝統となって久しい。

講演後、斉藤氏と塾生との間で活発な質疑応答が交わされ、終了後も質問は続いていた。人と人が出会うこのような時空の中から、分断と孤立を超えた世界を若者たちが切り拓いていくことを、信じている。

著者略歴

斉藤 日出治（さいとう ひではる）

1945年生まれ。

東京外国語大学卒業。名古屋大学大学院経済学研究科博士課程満期退学。

専攻・社会経済学。博士（経済学）。

大阪産業大学経済学部教授、副学長を経て、大阪労働学校・アソシエ学長。

著書 『物象化世界のオルタナティブ』（昭和堂）、『ノマドの時代』（大村書店）、『国家を越える市民社会』（現代企画室）、『空間批判と対抗社会』（現代企画室）、『帝国を超えて』（大村書店）、『グローバル化を超える市民社会』（新泉社）、『都市の美学』（平凡社、共著）、『グローバル化するアジア』（晃洋書房、編著）、『アジアのメディア文化と社会変容』（ナカニシヤ出版、共編）、『モダニティと空間の物語』（東信堂、共編著）、『ソーシャル・アジアへの道』（ナカニシヤ出版、共編著）、『東日本大震災と社会認識』（ナカニシヤ出版、共編著）ほか。

訳書 M・ギョーム『資本とその分身』（法政大学出版局）、B・シャヴァンス『社会主義のレギュラシオン理論』（大村書店）、A・コッタ『狼狽する資本主義』（法政大学出版局）、M・アグリエッタ『通貨統合の賭け』（藤原書店）、H・ルフェーブル『空間の生産』（青木書店）、K・ドスタレール、B・マリス『資本主義と死の欲動』（藤原書店）ほか。

グローバル資本主義の破局に
どう立ち向かうか――市場から連帯へ

2018年4月10日　第1刷発行

著者　斉　藤　日出治 ©
装幀　谷　川　晃　一
発行　河合文化教育研究所
〒464-8610　名古屋市千種区今池2-1-10
TEL　(052)735-1706㈹
発売　㈱ 河合出版
〒151-0053　東京都渋谷区代々木1-21-10
TEL　(03)5354-8241㈹
印刷 製本　㈱ あ　る　む

ISBN978-4-7772-0466-3

1 マザコン少年の末路
●女と男の未来（増補版）
上野千鶴子

「マザコン少年」という日本的現象の背後に横たわる母子密着の病理を通して、女の抑圧の構造を鮮やかに切り開く。本文の「自閉症」の記述についての抗議に対する新たな付論つき。（解説　青木和子）

750円

2 科学とのつき合い方（新装版）
高木仁三郎

起こるべくして起きた福島第一原発の重大事故。実験不可能な巨大科学の危険性に警鐘を鳴らし続けて逝った著者が、等身大の科学の重要性を心を込めて語る。新たな解説を付す。（解説　白鳥紀一）

750円

3 現代文学はどこで成立するか
北川　透

言葉のパフォーマンスによって近代文学の挫折をのりこえようとする現代詩。その可能性を、グリコ森永事件やコマーシャルコピーから展開した全く新しくユニークな文学論。（解説　山田伸吾）

400円

4 ディドロの〈現代性〉
中川久定

十八世紀ヨーロッパの近代的知の光の中で、その全領域に関わりながらも、周縁＝闇の復権をめざして早くも近代を超える新しい〈知〉を創出していったディドロの思想を考える。（解説　牧野　剛）

400円

5 境界線上のトマト
●『遠雷』はどこへ行くか
立松和平

「遠雷」「一寸法師」など、異空間異文化間の境界と交渉をモチーフとした物語の解読を通して、文化の活性地点としての境界線上から、日本社会の内なる解体の行方を問う。（解説　茅嶋洋一）

400円

（表示価格は本体のみの価格です）

河合ブックレット

6 近代を裏返す
●魔術的世界からＳＦまで

笠井　潔

神秘主義からフリーメーソン、ＳＦまで、〈近代〉に排除されつつも地下深く流れてきた反近代的水脈を掘り起こし、アポリアとしての近代の突破を試みた魅力的な反近代論。（解説　高橋順一）

750円

7 学問に何ができるか

花崎皋平

閉鎖的な専門研究に収束していく大学の学問の対極に、生きることの豊かさとおもしろさを深める真の学問を考え、その可能性を現実との学び合いと自己発見に探る野の学問論。（解説　公文宏和）

400円

8 〈情報〉を越えて

柴谷篤弘

生物学の情報化が生命を制御の対象としその尊厳を奪ってきた反省から、情報をもう一度考え直し、情報化社会の中で制御の網を破って人が自分の可能性を開く方法を考える。（解説　河本英夫）

505円

9 数学の天才と悪魔たち
●ノイマン・ゲーデル・ヴェイユ

倉田令二朗

20世紀を彩る天才数学者たち。彼らの非凡な頭脳とその俗物ぶりを愛とユーモアをこめて縦横に切りまくりつつ、現代数学のディオニュソス的地平を明した痛快無比のエッセイ。（解説　森　毅）

680円

10 思想の現在
●実存主義・構造主義・ポスト構造主義

今村仁司

近代的〈主体〉を賭けて闘われた実存主義と構造主義の交替劇からダイナミックなポスト構造主義の登場まで、思想のドラマを軸に、いま思想に何が問われているかを打ち出す。（解説　小林敏明）

680円

11
人と人とのあいだの病理
木村　敏
分裂病、対人恐怖症等〈自己〉の保全に関わる危機の原因を自己と他者との〝あいだ〟に探るという独自の方法を通して、西洋近代の実体的自己に換わる全く新しい自己像を打ち出す。（解説　八木暉雄）
750円

12
幻の王朝から現代都市へ
●ハイ・イメージの横断
吉本隆明
著者近年のテーマであるハイイメージ論を駆使して古代史の謎を洗い直すとともに、自然史的発展を越えて進む現代都市の構造をも鋭く解析した、画期的にして壮大なイメージ論。（解説　鈴木　亙）
500円

13
ミミズと河童のよみがえり
●柳川堀割から水を考える
広松　伝
渇水、水道汚染、地盤沈下――現代の深刻な水危機の中、行政と住民一体の堀割再生という柳川の奇跡的な実践を通して、いまこそ水とつき合い水を生かすことの重要さを訴える。（解説　坂本紘二）
750円

14
映画からの解放
●小津安二郎「麦秋」を見る
蓮實重彦
映画の文法に亀裂と破綻を呼びこんでいった「小津映画」という事件を通して、共同体が容認する物語＝イメージの抑圧からいかなる解放が可能かをスリリングに解き明かす。（解説　石原　開）
750円

15
言葉・文化・無意識
丸山圭三郎
ソシュールの原典の徹底的読みと検証を通して実体論的言語学を根底から覆した著者が、言葉が主体を離れて自己増殖をとげる深層意識に光をあて、〈文化〉発生の磁場を探る。（解説　山本　啓）
680円

21
半生の思想　最首　悟

現実の矛盾とねじれをどこまでも生き抜く方法としての〝中途半端〟の思想を通して、大学闘争、水俣、科学、自己、と近代の軸に関わる問題に生活の深みから迫ったユニークな思想論。（解説　大門　卓）

505円

22
ヨーロッパ史をいかに学ぶか　阿部謹也

独自の西洋中世史研究で名高い著者が、自らの足許と異文化とを往還的に照らし出す作業を通して、ヨーロッパという異文化が投げかける意味と光を重層的に読み開いた魅力の書。（解説　柴山隆司）

750円

23
世界のなかの日本映画　山根貞男

映画を作る側と観る側の境界線上に身を置き、その独自の評論でどちらの側をも挑発してやまない著者が、映画を純粋に映画として観ることの輝きと豊かさを、愛をこめて語る。（解説　石原　開）

680円

24
世紀末世界をどう生きるか　鈴木邦男
●「新右翼」の立場から

日本的エートスにこだわりながら「言論の自由」を貫徹するという、民族主義・近代主義の両方を乗り越えた著者が、混迷の度を深める世紀末世界を若者を軸に明快に読み解く。（解説　牧野　剛）

680円

25
海から見た日本史像　網野善彦
●奥能登地域と時国家を中心として

「日本島国論」「稲作中心史観」の上に成立してきた従来の日本史像を、海によって栄えた奥能登・時国家への実証的研究と厳密な調査によって転換し、真の日本史像を構築する。（解説　外　信也）

680円

河合ブックレット

26 なにが不自由で、どちらが自由か ●ちがうことこそばんざい

牧口一二

「障害」を個性だと捉える著者が、松葉杖とじっくりつき合いながら、「障害者」であることの豊かさをバネに生きることの意味を根底から問い直した、心暖まる自己変革への招待状。（解説　趙　博）

750円

27 〈市民的政治文化〉の時代へ ●主権国家の終焉と「グローカリズム」

今井弘道

ポスト主権国家時代の社会を作る新しい「市民」とは何かを、現代の世界状況と官僚主義国家日本近代を貫いた民衆意識の鋭い分析を通して初めて正面から論じた鮮やかな市民論。（解説　角倉邦良）

825円

28 歴史のなかの「戦後」

栗原幸夫

戦後文学の意味の徹底吟味を通して日本社会の上げ底のいまを問うと同時に、過去と他者への二重の想像力を媒介に世界と〈私〉との生きた交通をめざした、新しい「戦後」論考。（解説　池田浩士）

680円

29 からだ・こころ・生命

木村　敏

西欧近代の実体的自己像を、独自の「あいだ」理論によって決定的に乗り越えた著者が、自己と環境の相即・境界に光をあて、前人未踏の「こと」としての生命論を展開する。（解説　野家啓一）

750円

30 アジアと出会うこと

加々美光行

自らの内なるアジアを手がかりに中国・アジアの人々の希望と痛みを共有し、非西欧世界近代の意味を改めて問い直すことを通して、飢餓と戦争を越える新しい世界への道を探る。（解説　江藤俊一）

750円

31

2001年地球の旅《グレートジャーニー》
●「進歩」はヒトに何をもたらしたのか

関野吉晴

南米最南端からユーラシア大陸を経てアフリカの人類発祥の地へと、化石燃料を使わずに人力のみで遡行したグレートジャーニー。現代文明を撃つその壮大な旅の中間報告。（解説　牧野　剛）

750円

32

歴史のなかの文学・芸術
●参加の文化としてのファシズムを考える

池田浩士

未曾有の暴力と殺戮を展開した20世紀ファシズム。その淵源は民衆の参加にある——現代大衆社会の文学・芸術を鋭く読み直し、〈近代〉の正嫡としてのファシズムの意味を問い直す。（解説　栗原幸夫）

750円

33

9・11以後　丸山真男をどう読むか

菅　孝行

西欧近代の暴力がむき出しにされた9・11以後の新たな世界状況の中で、丸山の可能性と限界を的確に再吟味しながら、彼の現代的・実践的意味を鋭く突き出した画期的な丸山論。（解説　太田昌国）

750円

34

戦後日本から現代中国へ
●中国史研究は世界の未来を語り得るか

谷川道雄

中国史を貫く官民二元構造を軸に、「党」と市場が並存する現代中国の構造的矛盾に光を当て、自らの個人史と戦後史そして中国史研究の往還的吟味の中で、中国の行方を鋭く問う。（解説　山田伸吾）

750円

35

アートを通した言語表現
●美術と言葉と私の関係

宮迫千鶴

類まれな画家にしてエッセイストだった宮迫千鶴が、自由を求めて学校と闘った異端の少女の自立の過程を柔らかな言葉で語った感動の自伝的エッセイ。彼女の魅力の原点に迫る。（解説　谷川晃一）

750円

河合ブックレット

36
新たなグローバリゼーションの時代を生きて
太田昌国

新たな貧困と格差、不平等を生み出し続ける新自由主義経済。ゲバラの先駆的な思想の再吟味を通して、人間らしい世界の構築をめざした鋭い反グローバリゼーション論。
（解説　廣瀬　純）

750円

37
福島原発事故
●原発を今後どうすべきか
小出裕章

原子力研究の内部から原発廃絶を一貫して訴えてきた著者が、差別の構造を孕んだ原発問題の軸を根底的に抉り、延べ3時間に及ぶ予備校生の問いに答え切る。
（解説　青木裕司）

900円

38
伊豆高原アートフェスティバルの不思議
谷川晃一

ゴルフ場建設反対運動から生み出され、芸術家とアマチュアの境界線を越境して続けられるわが国唯一の個性的なアートフェスについて、生みの親である著者が愛を込めて語る。
（解説　安藤礼二）

750円

39
国家神道と戦前・戦後の日本人
●「無宗教」になる前と後
島薗　進

「万世一系」の天皇像を基に近代に創作された「国家神道」。戦後公的に廃止されながら今もこの国の深い所で脈々と生き永らえるこの日本独自の国家宗教を鋭く洗い直す。
（解説　菅　孝行）

800円

9784777204663

1920336009005

河合ブックレット

河合文化教育研究所

発売元・㈱河合出版　ISBN978-4-7772-0466-3 C0336 ¥900E　定価：本体900円＋税